INA RUSCHINSKI

Dein Pferd

Spiegel deiner Seele

CRYSTAL
Der Pferdebuchverlag

Die Ratschläge in diesem Buch sind sorgfältig erwogen und geprüft. Sie bieten jedoch keinen Ersatz für kompetenten medizinischen Rat, sondern dienen der Begleitung und der Anregung der Selbstheilungskräfte. Alle Angaben in diesem Buch erfolgen daher ohne Gewährleistung oder Garantie seitens der Autorin oder des Verlages. Eine Haftung der Autorin bzw. des Verlages und seiner Beauftragten für Personen-, Sach- und Vermögensschäden ist daher ausgeschlossen.

ISBN 978-3-95847-016-3

Ina Ruschinski:
Dein Pferd –
Spiegel deiner Seele

Umschlag: Murat Karaçay,
unter Verwendung von # 83016073 (© Melory),
267129107 (© yod67), # 337200341 (© Vitek Prchal),
101053345 (© Horse Crazy), # 338313371
(© briddy) und # 130557848 (© Flas100)
www.shutterstock.com
Layout: Silja Bernspitz
Lektorat: Alina Machka
Printed by: Westermann Druck Zwickau

www.crystal-verlag.com

7. bearbeitete Auflage August 2020

Ich widme dieses Buch Jaspar und Emmi,
die mich mit so viel Eifer immer wieder
beharrlich auf meinen Weg hinweisen.

Und jenem zukunftsweisenden Reikiabend
mit den beiden lieben Freundinnen
im März 2010.

Inhalt

Ein paar Zeilen vorweg …

Als ich dieses Buch vor sieben Jahren schrieb, hatte ich eine klare Vision von den einzelnen Kapiteln, eine Eingebung, ein Ganzes, was die Beziehung zwischen Mensch und Pferd beschreibt und in all seinen Facetten ausmacht. Was es braucht, damit beide zusammenwachsen, eine Einheit werden, die in ihrer Liebe unzertrennbar ist. Doch genauso ernsthaft ging es um die schwerwiegende Frage, die nur mit viel Ehrlichkeit und Eigenreflexion zu beantworten ist: ob die jeweilige Beziehung zwischen Mensch und Pferd in bestimmten Fällen getrennt werden muss. Eine Entscheidung, die reifen kann und manchmal getroffen werden muss – ebenfalls aus Liebe, um eine ungute Pferd-Mensch Symbiose zu lösen. Damit beide getrennt voneinander, mit jeweils anderen Weggefährten weiterwachsen können …

In den vergangenen Jahren ist viel geschehen. Ich habe viel erfahren, gehört, erlebt und erzählt bekommen, was mich begreifen ließ, wie weitreichend das Thema »Dein Pferd – Spiegel deiner Seele« wirklich ist. Noch größer und gewichtiger, als ich es selbst damals ahnte, obwohl ich zu dieser Zeit bereits glaubte, mich tief in der Materie »Mensch – Pferd« zu bewegen. Ich lernte, noch demütiger und ehrfürchtiger anzuerkennen, was in diesem Wesen Pferd und seiner Beziehung zu uns Menschen alles verborgen liegt. Wenn wir uns nur öffnen und bereit sind, zu sehen, zu spüren, zu erkennen, wer wir wirklich sind und worauf uns das Pferd geduldig aufmerksam machen will. Manchmal sanft und behutsam, doch zuweilen auch unmissverständlich und äußerst schmerzhaft.

In diesem Buch geht es um die Beziehung zwischen Ihnen und Ihrem Pferdegefährten. Ich bin mir sicher, Sie haben eine intensive Verbindung zu Ihrem Pferd – sonst würden Sie dieses Buch nicht in den Händen halten.

Sie sind mit Ihrem Pferd verbunden, auch jetzt über Entfernungen hinweg, durch die energetische Kraft Ihres Herzens, die Energie der Gedanken, den

Geist, das Bewusstseinsfeld, das alles miteinander verbindet und in das man durch Achtsamkeit und Stille eintauchen kann. Ihr Pferd ist also gerade dabei, nimmt teil, während Sie aufmerksam diese Zeilen lesen, in das Buch und damit in die Beziehung zu Ihrem Pferd eintauchen.
Ich wünsche mir sehr, dass ich mit diesem Buch dazu beitragen kann, dass wir Pferdemenschen Selbsterkenntnisse gewinnen, um unseren Pferden bei ihrer anstrengenden Arbeit mit uns ein wenig Unterstützung zu geben.

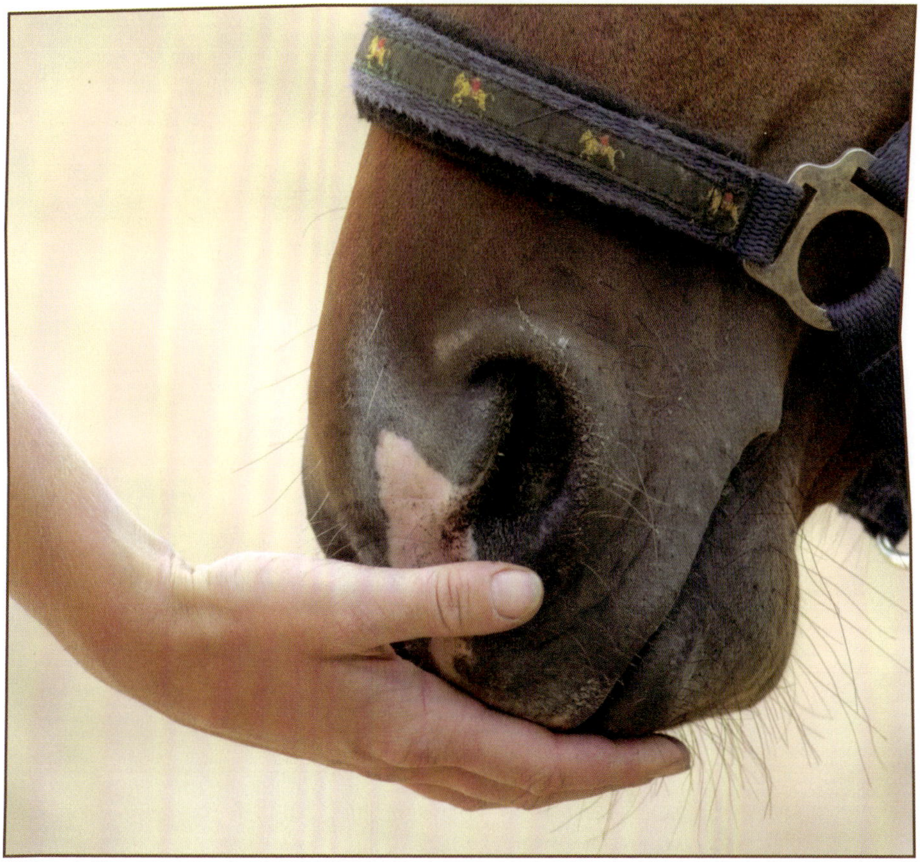

Verbindung mit der Pferdeseele

Es besteht ein Zauber zwischen Mensch und Pferd. Eine tiefe, fast schon magische Sehnsucht, die manch kleines Kind schon mit in dieses Leben bringt. Verbunden damit ist die Suche nach dem geheimnisvollen Schlüssel zum Verschmelzen mit dem Pferd, nach dem einen Weg, der die absolute Kommunikation möglich macht und das Tier wie durch ein Wunder an seinen Menschen bindet. An dieser Stelle möchte ich festhalten, dass es den einen Weg meines Erachtens nach nicht gibt. Doch ich glaube zu wissen, wo wir einen möglichen finden können: in Ihrer, in meiner, in unserer seelischen und geistigen Kraft. In der Weisheit unseres Bewusstseins.

Wir wissen fast alles über Pferde. Wir kennen sämtliche Knochen, Gelenke, Muskeln, Sehnen und Bänder. Wir haben Hightech-Stallsysteme, führen Buch über Futteraufnahme und Verdauungsprobleme. Per Computer messen wir den Satteldruck. Wir röntgen das Maul, um zu schauen, wie das Gebiss der Trense im Maul liegt. Es gibt erstklassige Reitausbilder und -ausbilderinnen, die Pferdezucht liefert vierbeinige Hochleistungssportler.

Doch was ist mit uns? Wer schaut in unser Inneres? Wer erforscht die tiefsten Gefühle und Intentionen der Menschen, die ihr Leben den Pferden widmen? Die Verbindung zwischen Mensch und Pferd ist so wichtig geworden in unserer Gesellschaft. Und das Pferd als ein Teil dieser Gemeinschaft wird intensiv unter die Lupe genommen. Doch was bringen wir Pferdemenschen in diese besondere Beziehung mit ein? Kennen wir uns selbst? Kennen wir unsere Intentionen und Motivationen, unsere Gefühle, Wünsche und Projektionen im Umgang mit dem Pferd? Kennen wir unsere Ängste, Sehnsüchte, unsere Licht- und die so ungeliebten Schattenseiten? Wir streben nach einer tiefen Verbindung mit dem Pferd, doch sind wir überhaupt beziehungsfähig? Es gab mal eine Zeit, da empfanden wir alles, was uns bewegte, völlig ehrlich, direkt und unschuldig. Als Kinder haben wir Gefühle noch nicht bewertet oder sie »vorsortiert«, bevor wir sie nach außen getragen haben. Wenn wir traurig waren oder uns etwas wehgetan hat, haben wir geweint. Wir haben gebrüllt, wenn wir wütend waren, gelacht vor Freude und geliebt – vor allem, wenn wir Pferde sahen. Einfach so. Bedingungslos. Wir waren im Ursprung, an der Quelle all unserer Gefühle.

Um eine Verbindung mit der Pferdeseele herstellen zu können, müssen wir zuerst wieder lernen, eine Verbindung zu unserer eigenen Seele zu schaffen. Wir versuchen zwar, die Pferdesprache zu verstehen oder sogar zu sprechen, doch wir verlieren dabei manchmal das Gehör für uns selbst. Es ist schwer, das Pferd und seine nuancierte Sprache zu verstehen, wenn man sich selbst nicht lauschen kann.

Viele kleine, große und manchmal auch beschwerliche Schritte führen dahin, die Botschaften unserer Seele wieder zu verstehen. Diese Schritte zu wagen und unserem wahren Selbst zu begegnen, hilft, den Zauber zwischen dem Wesen Pferd und dem Wesen Mensch auf einerseits mystische und andererseits auch wieder ganz reale Art zu vertiefen.
Es ist ein Wagnis, das gebe ich zu. Doch wer mutig ist, den lade ich dazu ein, mit mir auf eine Reise zu gehen. Eine Reise zurück zur Quelle, in unsere Seele. Die Seele eines Pferdemenschen, die sich nach Verbindung mit der Pferdeseele sehnt. Sie brauchen nicht einmal daran zu glauben. Allein es auszuprobieren, wird Wesentliches verändern. Und nicht nur im Umgang mit den Pferden …

Das Pferd

Oft frage ich mich: Wieso reiten Menschen? Was soll das?

Eigentlich ist die Antwort einfach: Weil es glücklich macht! Weil Pferde glücklich machen. Und manchmal, wenn wir alles richtig gemacht haben, scheint sogar das Pferd glücklich zu sein – mit uns.

Pferde sind kluge Tiere mit einer hohen sozialen Intelligenz. An Tagen, an denen uns Menschen nicht ganz klar ist, wie es uns geht, weiß es das Gegenüber »Pferd« schon längst. Es hat uns binnen Sekunden durchschaut. Pferde sind Energie- und Gefühlsleser. Sie spüren die Ausstrahlung unserer Aura sofort. Kleine Kinder beherrschen diese Fähigkeit noch, bevor sie der verbalen Sprache mächtig werden, aber uns Erwachsenen kommt sie bedauerlicherweise meist im Laufe des Lebens abhanden. Oder besser gesagt, wir schenken ihr keine bewusste Bedeutung mehr. Denn eigentlich sind wir doch recht gut in der Lage, unser erstes Gefühl bei einer Begegnung wahrzunehmen, noch bevor der Verstand reagiert. Doch zu selten schenken wir diesem Vertrauen oder Beachtung, um dann später festzustellen, dass diese erste Wahrnehmung uns doch nicht getäuscht hat.

Also können wir von den Pferden lernen, Gefühls- und Energieausstrahlungen wieder bewusster wahrzunehmen und in der Kommunikation einzusetzen. Denn netterweise sind Pferde geduldig. Auch wenn wir stets aufs Neue unsere allzu menschlichen Fehler machen, schnauben sie nur sanft und geben uns täglich wieder eine Chance, es dieses Mal richtig zu machen. Vielleicht kann das Pferd unsere Gedanken lesen, die Energie der Bilder, die wir in unserem Kopf formen, aber ganz sicher kann es unser Gefühl wahrnehmen, durchleuchten und einordnen!

»Warum liebst du Pferde?«
»Weil sie einen glücklich machen.
Warum, weiß ich auch nicht.«

Rosa, 13 Jahre

Ein Pferd bleibt ein Pferd und sollte auch als ein solches behandelt werden. Und wir sollten all seinen äußerst pferdischen Bedürfnissen unbedingt so gut es geht gerecht werden, wenn wir Harmonie mit unserem Tier anstreben. Unser Hauspferd – wenn auch schon recht lange domestiziert – handelt situationsabhängig, spontan und unüberlegt. Für das Pferd gelten die Gesetze der Herde, das Bedürfnis nach Schutz, Futter, Bewegung, Dösen und Spielen. Lassen Sie uns versuchen, unsere Pferde ein bisschen besser zu verstehen!

Die Herde

Unser Hauspferd soll funktionieren. Es soll freudig herankommen und wiehern, wenn wir uns mal wieder spontan überlegt haben, nun zum Stall zu fahren, um zu reiten. Es soll allzeit bereit sein und auf unser unvorhersehbares Zeitmanagement flexibel und begeistert reagieren, obwohl es selbst vielleicht gerade entschieden hat, zu dösen, weil sein Stoffwechsel stark heruntergefahren ist. Grämen Sie sich also nicht, wenn Sie voller Tatendrang das Halfter schwingen, und sich Ihr Pferd von Ihnen abwendet. Möglicherweise hat es sich gerade nach einer anstrengenden Futteraufnahme »zum Mittagsschläfchen aufs Sofa gelegt«. Pferde haben einen eigenen Biorhythmus, und Sie sollten den Ihres Pferdes beobachten und kennenlernen.

Vielleicht ist Ihr Pferdegefährte auch gerade sehr hungrig und muss erst mal eine ausgiebige Mahlzeit einnehmen, bevor er zu Leistung und konzentrierter Arbeit bereit ist. Achten Sie auf seine Signale, möglicherweise versucht er Ihnen zu bedeuten: Komm, gesell dich doch zu mir, ich brauch nur noch ein bisschen Zeit für mich. Es ist jedoch auch möglich, dass Ihr Pferd momentan gar nicht zu Ihnen kommen darf, obwohl es vielleicht möchte. Es kann kurz zuvor zu einer ausgiebigen »Diskussion« innerhalb der Herde gekommen sein, vielleicht gerade, als Sie um die Ecke bogen. Mit anderen Worten: Sie stören genauso, wie wenn Sie an Ihrem Arbeitsplatz in eine wichtige Besprechung platzen und an den Feierabend erinnern. Zum Beispiel stehen rangniedrige Pferde häufig entspannt an der Seite »der Chefin/des Chefs« und schauen Sie interessiert an, statt zu Ihnen zu kommen, wenn Sie sie rufen und versuchen, sie herbeizulocken. Sie dürfen ganz einfach nicht. Oder können nicht. Zum Beispiel wird ein Pferd in engen Paddocks nicht das Risiko eingehen, die Individualräume ranghöherer Herdengenossen zu betreten, nur, um zu Ihnen zu gelangen. Glauben Sie mir, das Zusammenleben mit seinen Artgenossen, mit denen das Pferd viele Stunden täglich verbringt, ist ihm wichtiger als der Mensch, der es für ein bis zwei Stündchen abholt, um es anschließend wieder vergnügt in die Herde zu entlassen, wo das Pferd unter Umständen mit Drohungen und Kniffen begrüßt wird. Natürlich ist das nicht in allen Pferdegemeinschaften so. Es kann auch durchaus sehr freundschaftlich und tolerant zugehen. Aber es gibt eben auch jene anderen Fälle, vor allem, wenn der Raum, auf dem die Pferde gehalten werden, eng oder die Zusammensetzung der Herde ungünstig ist.

Wir Menschen sollten unseren Blick für solche Rahmenbedingungen schulen, anstatt beleidigt zu reagieren. Uns allen ergeht es immer mal wieder so mit unseren Pferden. Mal scheinen sie nur so auf uns gewartet zu haben, und am nächsten Tag geben sie uns abweisend einen Korb. Pferde lieben genau wie viele Menschen einen festen, ritualisierten Tagesablauf, und der wird normalerweise nur dadurch gestört, dass ihr Mensch vorbeikommt und etwas mit ihnen vorhat. Seien wir ehrlich: Die wenigsten Menschen haben einen strukturierten Wochenplan, der sich auch noch an den Bedürfnissen des Pferdes orientiert. Also, bemühen wir uns um Verständnis für den Partner Pferd!

Stuten

Ich möchte an dieser Stelle den Stuten ein eigenes kleines Kapitel widmen. Wenn Sie selbst ein weibliches Pferd zur Gefährtin haben, werden Sie den folgenden Zeilen sicher zustimmen können. Stuten sind in ihrem Verhalten noch sehr viel natürlicher und ursprünglicher als Wallache.
Man könnte auch sagen, sie tragen noch viel von einem Wildpferd in sich. In der Regel ist es eine Stute, die die Herde anführt und diesen Führungsanspruch auch für sich behauptet. Das ist auch der Grund dafür, dass für Stuten das Herdengeschehen von großer Bedeutung ist. Normalerweise verlässt eine Stute ihre Bezugsgruppe nur sehr ungern. Trennungen von der Herde machen ihr in der Regel sehr viel aus.

Ihre soziale Intelligenz lässt so manchen verständnislosen Stutenbesitzer verzweifeln. Stuten haben »ihre Tage«: Manchmal wollen sie nur schmusen, dann wieder sind sie zu Höchstleistungen aufgelegt, und mal möchten sie ausschließlich wissen, was um sie herum los ist und wo sich die anderen Herdenmitglieder befinden. Bei vielen Stuten glaubt man im Frühjahr für ein paar Wochen, es mit einem gänzlich anderen Pferd zu tun zu haben. Tatsächlich können sie in den ersten Frühjahrsrossen hochsensiblen, manchmal auch explosiven Wildpferden gleichen. Bleiben Sie gelassen! Es geht vorüber. So ist das nun mal mit Stuten. Betrachten Sie es liebevoll als eine Besonderheit Ihres Pferdes.

Stuten lassen sich auch ungern herumkommandieren oder von irgendwelchen Dominanzspielchen, die vertrauensbildend sein sollen, beeindrucken. Sie sollten lieber anvisieren, von Ihrer Stute als ernst zu nehmende Partnerin oder als ernst zu nehmender Partner akzeptiert zu werden. Stuten gehen von Natur aus gern an der Spitze und geben diesen Platz nur ungern ab. Man muss es sich also über Jahre hart erarbeiten, von ihnen anerkannt zu werden, um schließlich die Führungsrolle in ihrer kleinen Herde, bestehend aus

Mensch und Stute, übernehmen zu dürfen. Diesen Status dann auch noch zu halten, ist wieder eine neue Herausforderung!

Wollen Sie es sich etwas einfacher machen und einen einigermaßen gleichmütigen und einschätzbaren Pferdepartner an Ihrer Seite haben, sollten Sie sich lieber einen Wallach zulegen. Mögen Sie aber komplizierte Pferdepersönlichkeiten, die Sie immer wieder aufs Neue herausfordern, die Ihre eigene Intelligenz unentwegt testen und die Ihre Führungsrolle ständig infrage stellen, wählen Sie eine Stute. Ich selbst liebe Stuten. Aber ich liebe auch Wallache. Und sollten Sie Ihr Herz an einen Hengst verlieren, dann haben Sie wieder mit ganz anderen Herausforderungen zu kämpfen. Sie sollten sich gut überlegen, welchen dieser Pferdeansprüche sie dauerhaft gewachsen sind …

Ruby ist eine sehr ursprüngliche Stute: klug und eigenwillig. In dieser Bildfolge sieht man, dass sie sich nicht gern von ihrer Herde trennen lässt. Stattdessen agiert sie äußerst geschickt, wenn es darum geht, zu ihren Pferdefreunden zurückzukehren.

Futteraufnahme und Bewegung

Sorgen Sie stets dafür, dass Ihr Pferd seinen Bedürfnissen und seinem Gesundheits- und Ernährungszustand entsprechend optimal und stressfrei versorgt ist. In freier Wildbahn würde es bis zu sechzehn Stunden täglich kleine Mengen Futter aufnehmen, und so, wie es Ihnen selbst bei dauerhaft ungesunder Nahrung körperlich und seelisch nicht gut gehen kann, ergeht es natürlich auch Ihrem Pferd.

Das Pferd hat bekannterweise ein sehr großes Bedürfnis nach Bewegung. Nicht nur die Ställe, Paddocks oder Weiden sind hinsichtlich dessen zu überprüfen, ebenso ist es die Aufgabe des Menschen, für die Bewegung des Pferdes zu sorgen. Zu selten werden wir diesem Bedürfnis nämlich wirklich gerecht. Wer unternimmt schon täglich bis zu zwanzig Kilometer lange Ausritte? Das ist in etwa die Strecke, die ein wild lebendes Pferd täglich zurücklegt …

Das Pferd will und sollte jeden Tag galoppieren können. Das ist nicht nur für sein Wohlbefinden wichtig, sondern auch für Lunge, Herz und Kreislauf des Tieres. Es ist nicht verwunderlich, wenn sich das Pferd bei einem gemütlichen Ausritt im Gelände nicht entspannen kann, wenn es sich eigentlich erst mal austoben möchte. So manche Dressureinheit scheitert daran, dass das Pferd sich zunächst einmal körperlich »freipusten« muss, bevor es konzentriert und gelöst mitarbeiten kann. Also lassen Sie es vor dem Reiten ein wenig toben, buckeln und überschüssige Energie loswerden, bevor Sie ausreiten oder Gymnastikübungen mit Ihrem Pferd praktizieren.

Gerade hoch im Blut stehende Pferde haben ein ausgeprägtes Bedürfnis nach Bewegung, dem man täglich gerecht werden muss. Einige Pferde erscheinen uns auf den ersten Blick ein wenig träge und faul zu sein, haben aber vielleicht nur eine lange »Warmwerdphase« und werden erst nach einigen Kilometern richtig wach und fit. Bei vielen kann man regelrecht spüren, wie

FELEK

der Stoffwechsel fröhlich zu arbeiten beginnt. Ich selbst habe diese beiden Extrembeispiele zu Hause. Und bei beiden treten Probleme meistens dann auf, wenn ich einige Tage nicht für ihre Bewegung sorgen konnte, obwohl sie täglichen Weidegang haben.

Überlegen Sie also genau, was für einen Typ Pferd Sie haben und ob Sie seinem Bewegungsbedürfnis wirklich gerecht werden. Besitzen Sie zum Beispiel einen Haflinger, der ursprünglich als reines Arbeitstier gezüchtet wurde, können Sie davon ausgehen, dass der Wunsch nach körperlich fordernden Aufgaben in ihm ungebrochen wirkt. Wenn Sie nur ein paarmal in der Woche gemütlich ausreiten, wird ihm das viel zu wenig sein. Und haben Sie einen für den Hochleistungssport gezüchteten Warmblüter, dann müssen Sie sich ebenfalls fragen, ob Sie seinem Bewegungsdrang gewachsen sind. Die mangelnde Anforderung kann schnell zu Krankheiten, Übergewicht und Aufmüpfigkeit führen.

Wir neigen manchmal aus Zeitgründen dazu, unsere Pferde geistig und körperlich über einen gewissen Zeitraum nicht ausreichend zu beanspruchen und sie dann plötzlich mit Aufgaben zu konfrontieren, die sie möglicherweise restlos überfordern – zum Beispiel, weil uns die Idee kommt, wir könnten einen Wanderritt unternehmen, an einem Turnier teilnehmen oder auch nur eine ungewohnt ausgedehnte Dressur- oder Springstunde einbauen. Unsere Pferde werden damit unter Umständen völlig überfallen. Bereiten Sie also Ihre Pferde genauso gut auf anstehende Aufgaben vor wie sich selbst, wenn Sie plötzlich über Ihre körperlichen Grenzen hinausgehen wollen.

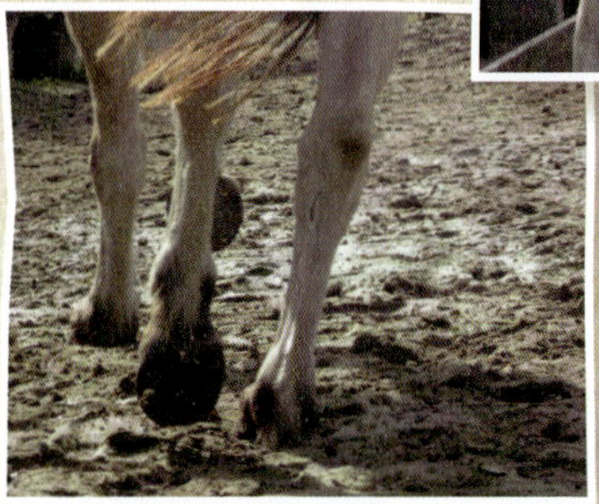

ÜBUNG: Raum wahrnehmen

Stellen Sie sich vor, Sie sind in den Körper Ihres Pferdes geschlüpft. Nehmen Sie den Raum wahr, der Ihnen zur Verfügung steht. Schauen Sie sich Ihre Box, das Stallgebäude, das Umfeld, die Nachbarn und die Menschen, die mit Ihnen zu tun haben, genau an. Achten Sie auf Geräusche, eventuell auftretenden Lärm oder andere nervende Reize. Schauen Sie, wo Ihr Futter liegt, in welcher Ecke Sie schlafen dürfen und wo Sie Ihre Notdurft erledigen müssen. Nehmen Sie wahr, wie viel Platz Sie zum Strecken, Wälzen und für Bewegung in der Box haben. Achten Sie auf die Gerüche! Pferde sind extrem auf ihren Geruchssinn fixiert. Können Sie frische Luft atmen, oder gibt es kein Fenster nach draußen, sondern nur ein Gitter zur Stallgasse?

Nun sehen Sie sich die Bewegungsmöglichkeit außerhalb der Box an. Gehen Sie dieselben Wege, die Ihr Pferd täglich geht. Wie viel Raum hat Ihr Pferd zur Verfügung, und wie ist er gestaltet? Entspricht er den Bedürfnissen Ihres Pferdes? Seien Sie ehrlich zu sich selbst, im Interesse Ihres Pferdes und in Ihrem eigenen.
Kann es sein, dass es Probleme gibt, die damit zusammenhängen, dass Ihr Pferd sich nicht so bewegen kann, wie es sich bewegen müsste?

Vergleichen Sie mal Ihren eigenen Radius mit dem Ihres Pferdes. Sehen Sie Ihre Wohnung, Ihren Garten, denken Sie daran, wie Sie morgens aus dem Haus gehen und mit dem Fahrrad zur Arbeit fahren. Oder vielleicht auch mit dem Auto. Wie Sie tagtäglich die Stadtgrenze überqueren und weite Wege zurücklegen. Wie Sie spazieren gehen, einkaufen, Sport treiben.

Ich denke, wir sind uns einig, dass Ihr Radius größer und auch reizvoller als der Ihres Pferdes ist. Sorgen Sie dafür, dass Ihr Pferd seinen Radius erweitern kann.

Das Pferd als Resonanzverstärker

Pferde sind eine emotionale Herausforderung! Stimmen Sie mir da zu? Pferde können uns jeden Tag völlig unerwartet aufs Neue in eine Gefühlswelt stupsen, von der wir zuvor nicht einmal den Hauch einer Ahnung hatten. Gestern noch waren wir überglücklich und von einem wunderbaren Ausritt durch die Natur beseelt, und schon am nächsten Tag versetzt uns dasselbe geliebte Pferd in Angst und Schrecken, weil es plötzlich wie wild vor etwas scheut, was ihm doch sonst nie etwas ausgemacht hat.

Kennen Sie das? Mal ist man verliebt in sein Pferd, dann restlos besorgt, weil es herumkränkelt, und dann wieder könnte man sich selbst geißeln, weil man einfach alles falsch zu machen scheint. Man glaubt zum Beispiel, so schlecht geritten zu sein, dass man es für immer sein lassen will, um das arme Tier nicht länger zu quälen. Man ist niedergeschlagen, euphorisiert vor Glück, wütend, traurig, zufrieden …

Wir Pferdemenschen leben ein intensives Leben – dank der Pferde.

Pferde wissen sehr genau um das, was in uns vorgeht. Man kann ihnen nichts vorgaukeln. Sie lesen uns, unsere Energie, überprüfen diese auf Authentizität und spüren blitzschnell nach, was unsere Energie in ihnen selbst auslöst, zum Schwingen bringt. Entsprechend reagieren sie.

Natürlich gibt es Pferde, die sich mehr vom Menschen abgrenzen und wiederum andere, die sehr sensibel auf uns reagieren. Genau wie bei uns Menschen auch. Das Pferd spiegelt, aber es verstärkt auch massiv Themen in uns.

Vielleicht holt es Angstanteile in uns hervor, von denen wir glaubten, sie gar nicht mehr in uns zu tragen wie Wut, Aggressivität und übertriebener Ehrgeiz. Aber auch das Lichtvolle: Liebe, Dankbarkeit, Stille, Sensibilität, Authentizität ...

Ich nenne es mal unsere Licht- und Schattenseiten.

Ehrgeiz

Sind Sie ein ehrgeiziger, erfolgsorientierter Mensch? Dann wird Ihnen das Pferd mit Sicherheit dabei helfen, diese Eigenschaft auszuleben. Das kann so weit gehen, dass das Pferd – in der negativsten Form – irgendwann zum viel zitierten Sportgerät verblasst und dem ständig hungernden Selbstwertgefühl des Menschen zu Turnierruhm und Ehrenpreisen verhelfen muss. Doch diese Eigenschaft kann, wenn sie durch das Pferd verstärkt wird, auch in eine andere, positive Richtung kanalisiert werden. Zum Beispiel dahin, dass Sie sich für artgerechte Pferdehaltung einsetzen oder gegen Schlachttransporte. Pferde können auch einen Kämpfer für das Gute aus uns werden lassen.

Und sie können uns und unseren Ehrgeiz auch schlichtweg auflaufen lassen. Es gibt Pferde, die strahlen zu Hause in der schönsten Harmonie mit ihrem Menschen, doch sobald dieser auf die Idee kommt, das in einem Wettkampf zeigen zu wollen, ist Schluss. Das Pferd weigert sich, den Ehrgeiz seines Menschen auszuleben. Und schon stößt es ihn unsanft in eine Auseinandersetzung mit sich selbst.

Angst

Wer ängstlich ist, wird seiner Angst durch das Pferd immer und immer wieder begegnen. Das Pferd wird die Angst wie ein gnadenloser Lehrer geradezu herausfordern. Bis man irgendwann lernt, dieses Gefühl als zu sich gehörig zu akzeptieren und es ernst zu nehmen. Erst dann ist man frei, zu entscheiden, ob man es dabei belässt, die Schönheit der Pferde nur noch aus der Ferne zu betrachten, oder ob man die Angst integriert und sich ihr von Zeit zu Zeit stellt. Wem das gelingt, der wird auch in anderen Situationen besser mit ihr umgehen können. Gerade Pferde, die ihre eigene Angst bis zur Panik steigern können, sind mit diesem Gefühl bestens vertraut. Kein Wunder also, dass sie es so gern in uns hervorrufen.

Doch glücklicherweise birgt jedes Gefühl in sich die Chance, daran zu wachsen. So auch die Angst, die wir oft als negatives Gefühl abtun. Und vergessen wir nicht: Angst ist ein Schutz. Sie hat das menschliche Überleben bis heute überhaupt erst möglich gemacht. Also sollten wir sie auch achten. Angst ist eine große Lehrerin, ein Urgefühl und das Gegenteil von Sicherheit, Freiheit und Liebe.

Mut

Mut ist ein schönes Wort. Es gehört regelrecht zum Reiten dazu. Mutig war es, das allererste Mal auf ein Pferd zu steigen, einen ersten Galopp zu wagen, einen ersten Sprung über ein Hindernis, einen ersten Ausritt. Sie sehen schon, Mut braucht immer neue Herausforderungen. Und wer mutig ist, der wird diesen Mut mit seinem Pferd zur Genüge ausleben können. Das kann auf der Lichtseite die absolut wilde Lebensfreude bedeuten, zum Beispiel in Form eines den Menschen und das Pferd erfreuenden Galopps durch das Gelände. Auf der Schattenseite kann es sich auch zu einem immer waghalsigeren Höher-Weiter-Schneller-Riskanter steigern, womit die Gesundheit von Pferd und Reiter aufs Spiel gesetzt wird.

Wer mutig ist, kennt keine Angst? Oder liebt er es einfach nur, ihr zu begegnen? Angst und Mut gehen Hand in Hand. Heute wird die Angst durch Mut überwunden, und morgen wiederum bestimmt die Angst und sagt: »Bis hierher und nicht weiter.«

Aggressionen

Dass Pferde auch Gewalt, Wut und Aggressionen sowie die Tendenz zu Missbrauch in uns Menschen zum Schwingen bringen, ist leider wohl allzu bekannt. Zahlreiche Artikel sowohl in Pferde- als auch Tageszeitungen zeugen davon.

Aggression ist ein Gefühl, das zu uns Menschen gehört wie jedes andere auch. Doch kann es sich zu einer bedrohlichen Schattenseite auswachsen, die uns erschaudern lässt. Jeder Mensch wird schon einmal wütend gewesen sein – auch auf sein Pferd. Wut ist meist eine hilflose Reaktion auf zuvor erlebte Angst, Bedrohung oder Scham. Wenn wir wütend sind, hören wir auf zu denken. Eine sinnvolle Lösung wäre es, darüber nachzudenken, was uns wütend macht, bevor die Wut uns gänzlich übernimmt, und dann dem Gefühl mit Verstand und Wissen Einhalt zu gebieten.

Doch gibt es leider immer noch eine Steigerung der Schattenseite. Vereinzelte Menschen arbeiten Gewalt, Missbrauch und die eigene Empfindungslosigkeit auf unbeschreibliche Art und Weise an Pferden ab. Es ist erstaunlich, wie Pferde selbst diese grässlichen Schattenseiten solcher Menschen geduldig ertragen.

Liebe

Doch stehen den Schattenseiten glücklicherweise auch all die wunderbaren Lichtseiten gegenüber, wie zum Beispiel Empathie, Mitgefühl, Inspiration, ästhetisches Empfinden, Lerneifer, Wissbegierde, Hilfsbereitschaft, Verantwortungsgefühl, Einsatzwillen für das Gute und vor allem die Liebe.

Die meisten Menschen wollen aus Liebe zum Pferd reiten. Liebe ist in der Regel der erste Grund, aus dem ein Mensch aus unserem Kulturkreis die Sehnsucht nach Pferden in sich entdeckt. Wer seine Liebesfähigkeit wirklich lebt oder leben will, der wird sie mit dem Pferd zusammen noch mehr zum Ausdruck bringen, dem wird beim Anblick seines Tieres das Herz weit aufgehen, und den wird beim Geräusch des erwartungsfrohen, leisen Wieherns zur Begrüßung das Glück und die Liebe durchströmen.

Lerneifer

Wenn wir bereit sind zu lernen, werden wir in unserem Pferd einen geduldigen Lehrer finden, der immer und immer wieder unsere Schattenseiten erträgt und uns beharrlich auf unsere lichtvollen Seiten hinweist. In all den Jahren, in denen ich mich nun mit Pferden beschäftige, habe ich stets aufs Neue festgestellt: Es geht immer weiter, immer voran. Es gibt keinen Stillstand mit Pferden. Wir müssen weitergehen, Verstand, Geist und Herz offen halten und lernen. Pferde sind Bewegungstiere, und sie sorgen kontinuierlich dafür, dass auch wir in Bewegung bleiben, uns weiterentwickeln. Nie ist man irgendwo angekommen. Den Spuren der Pferde zu folgen, ist ein endloser, bereichernder Weg. Und während wir glauben, ihnen etwas beizubringen, sind doch in Wahrheit sie unsere besten Lehrer.

ÜBUNG: Das erste Gefühl

Setzen Sie sich doch einmal ganz in Ruhe hin. Sorgen Sie dafür, dass Sie allein sind und Zeit für sich haben. Legen Sie ein Notizheft und einen Stift neben sich. Vielleicht zünden Sie eine Kerze an. Nun denken Sie an Ihr Pferd. Eventuell nehmen Sie auch ein Foto Ihres Pferdes zur Hand. Lassen Sie Ihr Pferd ganz auf sich wirken. Versuchen Sie zunächst, an nichts Bestimmtes zu denken, sondern lassen Sie einfach nur die Gefühle zu, die Ihr Pferd in Ihnen auslöst. Es kann sein, dass ein ganz bestimmtes Gefühl sehr vordergründig in Erscheinung tritt. Bitte bewerten Sie es nicht, was auch immer das für ein Gefühl sein mag. Lassen Sie es zu, und integrieren Sie es in Ihr Herz.

Vielleicht strömt nun auch eine ganze Flut von Gefühlen und Gedanken auf Sie ein. Schreiben Sie alle stichwortartig auf.

Es können sehr unterschiedliche Emotionen sein: Liebe, Angst, Stolz, Berührung, Ablehnung, Widerwille ... Lassen Sie alles zu, und schreiben Sie die Gedanken auf, die Ihnen kommen.

Wie gesagt: Bewerten Sie bitte weder sich noch Ihre Gefühle. Es gibt in diesem Fall kein falsches oder richtiges Fühlen. Nur das, was ist. Es geht darum, wahrzunehmen und das Wahrgenommene an die Oberfläche zu holen.

Der Mensch und seine Verantwortung für das Wohlergehen des Pferdes

Befassen wir uns nun intensiver mit dem eigentlich Verantwortlichen in Sachen Beziehung zum Pferd: mit uns selbst. Haben Sie sich schon mal überlegt, weshalb Pferden in Ihrem Leben so eine große Bedeutung zukommt? Nehmen Sie sich doch gleich zu Anfang mal ein paar Minuten Zeit, und denken Sie darüber nach, wie es dazu kam, dass Pferde in Ihr Leben getreten sind. War ein anderer Mensch dafür verantwortlich? War es Zufall, Schicksal oder eine höhere Fügung? Vielleicht gehören auch Sie zu den Menschen, die bereits mit einer riesigen Portion Pferdeliebe und der damit verbundenen Sehnsucht geboren wurden? Dann können Sie stark davon ausgehen, dass Pferde eng mit Ihrem eigenen Karma verwoben sind, was bedeutet, dass sie in irgendeiner Form Einfluss auf Ihr Leben ausüben und diesem unter Umständen sogar eine besondere Bedeutung geben. Kann es sein, dass Pferde Ihre Gabe, Ihre Lebensaufgabe sind? Unterstützen sie Ihre Talente? Oder machen Pferde Sie einfach »nur« glücklich?

Lassen Sie sich Zeit, während Sie jede dieser Fragen für sich beantworten. Im nächsten Schritt gilt es nämlich, zu überlegen, inwieweit Sie Ihrer Pferdeliebe und Ihren Zielen treu geblieben sind. Vielleicht ging es einmal darum, in Ruhe mit dem Pferd die Natur zu erleben, spielerisch mit- und voneinander zu lernen, die Welt der Pferde durch Heilarbeit oder Erfindungsreichtum zu verbessern. Oder einfach darum, der einst kindlich-sehnsuchtsvollen Liebe zum Wesen Pferd endlich Raum zu geben. Verfolgen Sie noch immer Ihre ursprünglichen Ziele? Oder kann es sein, dass Sie mittlerweile dem Training und damit verbunden der körperlichen Formgebung Ihres Pferdes viel mehr Zeit widmen als seiner und Ihrer Seele? Haben Sie Ihre Liebe zum Pferd zum Beruf gemacht? Vielleicht haben Sie dafür ein großes Opfer gebracht. Vielleicht muss nun das Geldverdienen über allem stehen, weil Sie Ihr täglich Brot mit dem Pferd verdienen.

Ertappen Sie sich manchmal dabei, dass Sie Dinge tun oder über Dinge hinwegsehen, die Sie früher verurteilt hätten? Wie weit haben Sie sich von Ihrem Ursprungsgefühl entfernt? Oder leben Sie es mit all seinen Facetten voll aus? Die meisten pferdeliebenden Menschen haben früher oder später das Verlangen zu reiten. Es ist eine uralte Herzenssehnsucht, die in vielen von uns zu schlummern scheint und spätestens dann zutage tritt, wenn wir ein Pferd sehen. Kennen Sie dieses Gefühl auch? Eigentlich ist es seltsam, dass wir modernen Menschen dieses Verlangen immer noch in uns tragen.

Ich könnte jetzt ganz ketzerisch ergänzen: … und das, wo es doch so viele rasante und interessante andere Fortbewegungsmöglichkeiten gibt, die noch weitaus ungefährlicher und kostengünstiger sind! Doch der Wunsch, mit dem Pferd eins zu sein, schlummert unauslöschbar in uns. Und es erreicht immer mehr Menschen.

Nun existiert das Pferd nicht, um uns Menschen auf seinem Rücken zu tragen. Damit es diese Aufgabe, die es manchmal sogar gern zu erfüllen scheint, einigermaßen schadlos übernehmen kann, liegt es in unserer Verantwortung, unser Pferd so zu trainieren, dass es dem auch wirklich körperlich und mental gewachsen ist.

Reitweisen

Es gibt mittlerweile so viele unterschiedliche Reitweisen, dass man auf der Suche nach der einen richtigen schnell den Überblick verlieren kann. Erst recht, wenn man etwas unsicher ist und Hilfe braucht. Viele wechseln in regelmäßigen Abständen die Reitart, die Ausrüstung und den Lehrer auf der verzweifelten Suche nach dem besten Weg für sich und das Pferd. Aber auch fortgeschrittenen Reitern passiert es, dass sie aufgrund neuer Trends nicht mehr wissen, was denn nun wirklich richtig oder falsch ist.

Da gibt es manche, die dogmatisch an dem festhalten, was seit Jahren in ihrer traditionellen Reitschule gelehrt und trainiert wird, und die sich nie für neue Erkenntnisse öffnen. Und es gibt jene, die sehr offen und stets bereit sind, das Beste für ihr Pferd zu tun. Doch welcher ist der »richtige« Weg?

Ich denke, wenn Ihr Pferd sich auf die gemeinsame Arbeit mit Ihnen freut, wenn es entspannt, zufrieden, gesund und lernwillig ist, sind Sie auf dem »richtigen Weg«, egal, welche Reitweise Sie bevorzugen. Es ist allerdings wichtig, Ihr Pferd so zu trainieren, dass es Kondition entwickelt und die entsprechenden Muskeln trainieren kann, die es benötigt, um einen Menschen tragen zu können.

Viele Pferdemenschen neigen dazu, sich und ihrem Gefährten zu hohe Ziele zu setzen. In meiner Arbeit als Trainerin habe ich festgestellt, wie schwierig es schon allein ist, eine gute Basis herzustellen. Wenn es Ihnen gelingt, mit Ihrem Pferd harmonisch in Takt, Losgelassenheit und Dehnungshaltung in den drei Grundgangarten Schritt, Trab und Galopp Bahnfiguren zu reiten, können Sie schon wirklich stolz auf sich sein. Selbst einigen, die von sich behaupten, zur fortgeschrittenen Elite zu gehören, gelingt dies mitunter nicht. Wenn Sie es dann von der Dehnungshaltung zu ersten versammelnden Lektionen schaffen, wenn Sie Ihr Pferd, das von Natur aus muskulär schief geboren wurde, in Seitengängen locker und entspannt gymnastizieren und damit körperlich gerade richten, wenn Sie es jederzeit in seiner Balance ins Vorwärts oder Rückwärts verschieben können, als sei es ein Spiel zwischen Ihnen beiden, und wenn Sie noch dazu einen geschmeidigen, zügelunabhängigen Sitz haben, werden Sie Ihrem Pferd reiterlich voll gerecht. Egal, für welche Reitweise Sie sich entscheiden: Suchen Sie sich einen Lehrer oder eine Lehrerin, der/die Sie bei der Verfolgung Ihrer Ziele begleitet.

Bodenarbeit

Zur guten Ausbildung eines Pferdes gehört die Bodenarbeit. Ganz egal, was Sie mit Ihrem Pferd vorhaben, gegenseitiger Respekt ist unerlässlich. Für das Pferd ist das nichts Neues. Es ist es gewohnt, andere Herdengenossen zu respektieren und ihren Raum zu achten. Es »wundert sich« vielmehr darüber, dass der Mensch in seinem Verhalten da so anders und uneindeutig ist. Mal reagiert er überzogen streng, ein anderes Mal reagiert er wiederum gar nicht auf die Frechheiten seines Pferdes. Viele Pferde machen sich schon beinahe einen Spaß daraus, täglich nachzuprüfen, was denn heute bei ihrem Menschen möglich ist. Doch so manches sensible Tier verwirrt das uneindeutige Hin und Her auch. Es wird unsicher oder misstrauisch im Umgang mit dem Menschen und verliert irgendwann jegliches Vertrauen.

Ich weiß, dass es sehr schwierig ist, konsequent zu bleiben, denn unsere Stimmungslage ändert sich täglich. Und da gibt es leider diese Tage, an denen wir uns am liebsten an den starken Partner Pferd anlehnen möchten. Doch das Pferd hat möglicherweise ganz andere Pläne. Vielleicht mag es Nähe gerade heute ganz und gar nicht. Und so liegt es wieder mal an uns verstandesorientierten Menschen, die eigenen Bedürfnisse zurückzustellen und stattdessen zu überlegen, was das Pferd braucht. Glücklicherweise ist es ja nicht immer so, dass sich unsere Pläne so voneinander unterscheiden.

Doch immer sollten Sie sichergehen, dass Ihr Pferd Ihren Raum respektiert. Stets ist es das ranghöhere Tier, das unbeschadet und ungefragt in den Raum des Rangniedrigeren eintreten darf, und nicht umgekehrt. Achten Sie beim Führen darauf, dass das Pferd hinter Ihnen bleibt und seinen Kopf nicht an Ihrem Körper vorbeidrängt. Die Pferdenase neben Ihrem Arm ist in Ordnung. Doch schiebt sich der ganze Pferdekopf oder gar -hals an Ihnen vorbei, führen Sie nicht mehr. Das Pferd weiß aus seinem Herdenleben: Wer hinten geht, muss dem Vorderen ausweichen, zum Beispiel in einer Fluchtsituation.

Ist das Pferd mit seinem Kopf schon vor Ihnen, heißt das so viel wie: »Du musst mir ausweichen, wenn ich zur Seite trete oder springe.« Was das für uns Menschen bedeuten kann, kann man sich vorstellen. Platte Zehen sind da noch das geringste Übel!

Wenn Sie anhalten, sollte Ihr Pferd auch sofort stehen bleiben und den Abstand beibehalten. Wenn es das nicht tut, seien Sie strenger, und schicken Sie es ein paar Schritte nach hinten.

Probieren Sie es erneut, gegebenenfalls so lange, bis das Pferd den Abstand brav einhält. Entscheiden Sie selbst, wie groß Ihr individueller Raum um Ihren Körper herum sein soll, vielleicht nimmt er einen halben oder einen ganzen Meter ein. Ist Ihr Pferd achtsam und respektiert Sie, dann treten Sie in seinen Raum ein, und streicheln Sie es ausgiebig. Nun können Sie Nähe zulassen. Reiben Sie seine Stirn und den Haarschopf zwischen seinen Ohren. Streicheln Sie es auch rund um den Widerrist, denn diese Berührung signalisiert dem Kleinhirn des Pferdes, dass es sich entspannen kann und sich sicher fühlen darf. Und es ist ja Ihr Ziel, dass das Pferd sich bei Ihnen geborgen fühlt und Ihnen sein Vertrauen schenkt.

Ein gut erzogenes Pferd sollte sich jederzeit an der Hand vorwärts, rückwärts und seitwärts schicken lassen. Es sollte lernen, auf das Kommando »Steh« hin ruhig stehen zu bleiben, auch wenn Sie sich etwas entfernen oder es an einem fremden Ort ist.

Im Grunde muss Ihre Bodenarbeit das Ziel haben, dass Sie jederzeit die Vor-, Mittel- und Rückhand Ihres Tieres in alle Richtungen bewegen können. Und achten Sie wirklich darauf, dass Ihr Pferd nicht Sie bewegt! Schnell kann es passieren, dass es einem klugen Pferd gelingt, sich geschickt in den Raum des Menschen zu mogeln, durch eine Kopfbewegung nur, einen kleinen Schritt, ein Stupsen oder sogar durch die Aufforderung zum Schmusen. Glauben Sie mir, meine sehr verschmuste Stute schafft es regelmäßig, mich mit ihrem Charme zu »überlisten«. Ich muss dann immer sehr wachsam sein und sie bei der nächsten Gelegenheit daran erinnern, dass immer noch ich die Anführerin bin.

Selbst wenn wir darum wissen, werden wir immer wieder in die kleinen und großen »Fallen« treten, die uns unsere klugen und gewitzten Pferde stellen, um die Rangordnung zu hinterfragen. Es ist ein Spiel, das Pferde auch ständig in ihrer Herde spielen. Warum dann nicht auch mit uns? Das ist wahrscheinlich sogar noch viel lustiger für sie, weil wir Menschen in unserem gesamten Umgang mit dem Pferd sehr doppeldeutig und widersprüchlich sind. Unsere Pferde treten in unseren Raum ein, um gestreichelt zu werden, und wir sind verständlicherweise begeistert. Doch ein anderes Mal setzen wir streng durch, dass das Pferd einen respektvollen Umgang mit uns pflegt und Abstand hält. Ja, kein Wunder, dass sie uns immer und immer wieder auf unsere Tagesform, unsere Launen und unsere Führungskraft hin überprüfen! Pferde müssen schon sehr flexibel sein, um auf uns Menschen reagieren zu können – und das sind sie!

Pferde sind Meister im Lesen von Körpersprache. Selbst ein Wimpernschlag entgeht ihnen nicht. Beobachten Sie das einmal in einer Pferdeherde. Es ist wirklich faszinierend und gibt einem ein Gefühl dafür, wie sehr wir Menschen eigentlich im Umgang mit dem Pferd gefordert sind, auf unsere Körpersignale zu achten und diese vor allem auch zu beherrschen. Achten Sie auf einen klaren, aufrechten Gang. Machen Sie sich groß neben Ihrem Pferd, und strahlen Sie Selbstbewusstsein aus. Stehen Sie ruhig, und bewegen Sie sich, wenn Sie mit Ihrem Pferd üben, nur so viel, wie wirklich nötig ist. Eine Handbewegung allein kann dem Pferd bedeuten, dass es rückwärts gehen soll. Probieren Sie aus, wie Ihre Körperhaltung wirkt.

Vielleicht lassen Sie sich einmal bei der gemeinsamen Zeit mit Ihrem Pferd filmen und analysieren hinterher Ihre eigene Körpersprache. Ihr Pferd wird Sie lehren, eine aufrechte, selbstbewusste Haltung einzunehmen, die Ihre Wirbelsäule, Knochen, Bänder, Muskeln und Gelenke erfreut.

Seien Sie sehr vorsichtig mit sogenannten Dominanz- und Scheuchspielen im Round Pen. Manche Pferde finden das gar nicht lustig und können aggressiv oder mit Vertrauensverlust reagieren, wenn sie merken, dass sie dem Druck nicht mehr durch Flucht entkommen können. Viele kluge Tiere, gerade auch intelligente, ursprüngliche Ponys, lassen sich überhaupt nicht auf diese Methode ein. Versuchen Sie lieber, Vertrauen durch viel gemeinsam verbrachte Zeit aufzubauen, durch Führung, Respekt, Freundschaft, Zuwendung und durch die Sicherheit, die Sie für Ihr Pferd ausstrahlen.

Ausrüstung

Wer tanzt schon gern mit zu engen Schuhen? Unglaublich viele Probleme beim Reiten kann man vermeiden, wenn man sich für sein Pferd einen passenden Sattel und eine gut sitzende Trense zulegt. Auch das richtige Gebiss ist von enorm großer Bedeutung. Nehmen Sie nicht einfach das, was alle nehmen. Und kaufen Sie nicht mal dieses und mal jenes, nur weil es schick ist. Ich weiß, wie schwer es ist, in der Masse der Angebote das Richtige für das eigene Pferd und für sich selbst zu finden. Da hilft nur gute Beratung durch Fachleute.

Pferde halten eine Menge aus. Man sollte es jedoch nicht so weit kommen lassen, dass sie sich irgendwann melden müssen, weil der Sattel in den Rückenmuskel drückt oder die Trense Nervenbahnen im Genick abklemmt. Schauen Sie Ihrem Pferd einmal ins Maul, und überprüfen Sie, wie das Gebiss, das Sie benutzen, darin liegt und vor allem auch, wie es wirkt, wenn Sie die Zügel annehmen. Bei manchen angeblich sanften Gebissen bekommt man da schnell ein beunruhigendes Gefühl. Und jedes Pferdemaul ist unterschiedlich empfindlich. Wir müssen uns einmal kritisch fragen, wie notwendig Gebisse wirklich sind. In der altkalifornischen Reitweise bildet man Pferde fast vollständig gebisslos im Bosal aus, was ich sehr befürworte.

Das Equipment auf Pferdefreundlichkeit hin zu überprüfen, gehört – nach dem Gesundheitscheck – in der Prioritätenliste ganz nach oben. Es sei denn, Sie schaffen es, auf Ausrüstungsgegenstände im Umgang mit Ihrem Pferd weitestgehend zu verzichten. Im Grunde braucht man nur sehr wenig Equipment, um ein Pferd sehr weit auszubilden. Die viel wichtigeren Erfordernisse dafür ruhen allein in uns ...

Gesundheit

Natürlich ist auch die körperliche Konstitution Ihres Pferdes von entscheidender Bedeutung. Lassen Sie es einmal von einem Fachmann oder einer Fachfrau untersuchen. Menschen mit geschultem Blick werden schnell erkennen, ob das Pferd irgendwelche Probleme hat, die ihm unter Umständen Schmerzen bereiten. Vielleicht gibt es kleine Auffälligkeiten, die noch nicht gravierend sind, es aber eines Tages werden könnten, und denen man noch rechtzeitig entgegenwirken kann. Lassen Sie die Zähne Ihres Pferdes regelmäßig kontrollieren, die Hufe selbstverständlich auch. Muskeln und Gelenke sowie die gesamte Ausstrahlung verraten ebenfalls eine Menge. Manche scheinbar unüberwindbaren Probleme sind nach einem intensiven Check plötzlich leicht zu lösen.

Es ist wichtig, ein Gespür für die jeweilige körperliche Verfassung des eigenen Pferdes zu entwickeln. Wo liegen seine Grenzen, wie ist seine Tagesform? Auch jahreszeitliche Veränderungen belasten das Pferd. Die Haltung, das Futter, das letzte Training, der Ausritt, was steckt ihm in den Knochen? Das Pferd ist schließlich nicht da, um für uns zu funktionieren. Es unterliegt genau wie wir biorhythmischen Schwankungen und altersbedingten Prozessen.

Das Pferd sagt:

»Wenn ich mit dir gehe, vertraue ich
dir mein Leben an.
Bist du dem gewachsen?
Kannst du mir Führung, Weisheit, Schutz
und Freundschaft mit Nähe geben?
Dann gehe ich gerne mit dir.«

Schutz

Pferde wollen Schutz. Das gehört zu ihren elementarsten Bedürfnissen wie das Fressen und die Bewegung. Wenn Ihr Pferd sich in seiner Herde bewegt, ist alles geregelt. Das Leittier darf stets zuerst fressen und saufen, sich die beste Futterstelle raussuchen und die Rangniedrigeren davon vertreiben. Und das alles, ohne sich Sorgen darüber machen zu müssen, dass es weniger geliebt wird. So unfreundlich uns solch ein Herdenchef aus menschlicher Sicht auch erscheinen mag: Er wird geachtet und respektiert. Dafür hat er allerdings auch eine verantwortungsvolle Aufgabe, denn er muss im Gegenzug der Herde das Gefühl von Sicherheit und Schutz vermitteln. Das Pferd, dem das am besten gelingt, wird zum Anführer. Und das muss nicht immer das Pferd mit den meisten Aggressionen sein. Es gibt auch recht freundliche Herdenchefs, die sich selten aufspielen müssen, um sich des Respekts und der Achtung ihrer Herde gewiss zu sein. Sie haben ganz einfach die richtige Ausstrahlung, die vermittelt: Ihr seid bei mir sicher und gut aufgehoben.

Auch Sie sollten Ihrem Pferd ein Gefühl von Sicherheit vermitteln, um wirklich sein Vertrauen für sich zu gewinnen. Und glauben Sie mir, das ist keine einfache Aufgabe, leider nichts, was man mit Join-up-Spielchen in kurzer Zeit erreichen kann. Sie können einem Pferd schnell vermitteln, dass es Sie zu respektieren hat. Sie können aber auch schnell erreichen, dass es Angst vor Ihnen hat. Wirkliches Vertrauen braucht Jahre der engen Zusammenarbeit. Jahre, in denen Sie mit Ihrem Pferd durch dick und dünn gehen müssen, in denen Sie mit ihm abenteuerliche Situationen zu bestehen haben und in denen Ihr Pferd Sie täglich prüfen wird, ob es sich wirklich auf Sie – auf Ihre Kraft und Ihre Klugheit – verlassen kann. Wenn Sie das bereits erreicht haben, gratuliere ich Ihnen. Sie haben etwas ganz Wunderbares vollbracht!

Es wird Ihnen helfen, wenn Sie Ihrem Pferd häufig, gerade auch in Stresssituationen, sagen, dass Sie es beschützen werden. Sagen Sie es ihm zärtlich, während Sie beide irgendwo in einer einträchtigen Minute zusammen sind: »Ich passe auf dich auf – dein Leben lang.«

Sagen Sie es ihm immer und immer wieder, und fühlen Sie auch, dass Sie zu diesen Worten stehen, spüren Sie in solch einer entspannten Situation Ihre eigene kraftvolle Energie, die mit ihnen einhergeht. Glauben Sie sich selbst, dass Sie Ihrem Pferd Schutz geben können. Es spürt die Energie, die in diesem Moment von Ihnen ausgeht, und fühlt sich sehr wohl darin. Üben Sie das häufiger in verschiedenen Situationen, bis Sie Ihrer eigenen positiven Ausstrahlung bei diesen Worten jedes Mal gewahr werden. Befinden Sie sich mit Ihrem Pferd in einer heiklen Situation, entsinnen Sie sich Ihrer entspannten, selbstsicheren, kraftvollen Energie: »Ich passe auf dich auf. Du bist absolut sicher bei mir!«

Ihr Pferd wird Ihnen das glauben, denn es wünscht sich nichts sehnlicher. Und es wird Ihnen mehr und mehr sein Vertrauen schenken. Auch in Momenten, in denen es wirklich Angst hat.

Zeit und Freude miteinander teilen

Verbringen Sie mit Ihrem Pferd so viel Zeit wie möglich! Erleben Sie gemeinsame Abenteuer, bei denen Ihr Pferd Neues erfahren darf. Haben Sie Spaß zusammen. Geben Sie ihm die Möglichkeit, sich davon zu überzeugen, wie gut und klug sein Mensch doch die kleine Herde, bestehend aus Ihnen beiden, durch spannende, herausfordernde Situationen führt. Ihr Pferd wird beeindruckt von Ihnen sein, wenn Sie z. B. »gefährliche« Dinge wie flatternde Folien verschwinden lassen können, wenn Sie häufig neue und interessante Wege durch das Gelände finden oder am besten sogar eine Abkürzung zurück zum Stall.

Verbringen Sie einen Tag auf der Weide in der Herde Ihres Pferdes. Oder noch besser: Übernachten Sie mit Ihrem Pferd irgendwo in der Fremde. Geben Sie ihm Schutz und Sicherheit durch Ihre Ausstrahlung. Unternehmen Sie Wanderritte. Besuchen Sie Kurse oder Playdays, gehen Sie mit Ihrem Pferd neue Wege, machen Sie alles Mögliche, doch seien Sie stets der Teil der Herde, auf dessen Führungskraft sich Ihr Pferd verlassen kann. Wenn es weiß, dass es jedes Abenteuer mit Ihnen sicher, angenehm und gut beschützt übersteht, wird es sich auf Ihre gemeinsamen Taten freuen – und seine Hochachtung ist Ihnen gewiss!

Das eigene Pferd kennenlernen

Jedes Pferd ist anders. Genau wie bei uns Menschen gibt es sehr unterschiedliche Pferdepersönlichkeiten. Lernen Sie Ihr Pferd genau kennen. Finden Sie heraus, was für ein Typ es ist, welche Vorlieben und welche Eigenarten es hat – und lassen Sie ihm diese. Es hat einen Charakter, für den es genauso geliebt und wertgeschätzt werden möchte wie wir Menschen. Und es macht ebenso wenig Sinn, diesen verändern zu wollen, wie Ihren Lebenspartner oder Ihre Lebenspartnerin umerziehen zu wollen. Schließlich haben Sie sich Ihr Pferd genau so ausgesucht. Es sagt also mit großer Wahrscheinlichkeit ziemlich viel über Sie selbst aus, was für einen Typ Pferd Sie haben. Ich denke, Sie werden sogar viele charakterliche Übereinstimmungen zwischen sich und Ihrem Pferd entdecken. Also verbringen Sie viel Zeit damit, herauszufinden, wie Ihr Pferd wirklich ist. Beobachten Sie seine ihm eigenen Verhaltensweisen. Wie reagiert es auf bestimmte Situationen, auf Menschen und Tiere? Was mag es besonders gern? Wie könnte der perfekte Tag, das perfekte Leben für Ihr Pferd aussehen? Finden Sie ebenfalls heraus, was Ihr Pferd für einen Biorhythmus hat, wie es auf Tageszeiten und Wetterverhältnisse reagiert. Und nehmen Sie mit Ihren Anforderungen Rücksicht darauf. Wenn Sie eine Stute haben, respektieren Sie auch »ihre Tage«.

Interessant ist es auch, zu wissen, was für ein sozialer Typ Ihr Pferd ist. Pflegt es Freundschaften, oder ist es ein Einzelgänger? Duldet es nur bestimmte Pferde in seiner Nähe? Führt es gern, oder hält es sich lieber irgendwo im Mittelfeld auf? Hat es Schwierigkeiten, den Raum und die Grenzen des anderen zu respektieren, und wird es deswegen oft gebissen? Beißt es selbst? Möglicherweise hat es die Grundlagen des Zusammenlebens in einer sozialen Herdenstruktur als Fohlen nie gelernt, und Sie müssen das nun so gut es geht mit ihm nachholen und ihm zum Beispiel beibringen, den Raum anderer zu achten. Möglicherweise haben Sie aber auch ein Pferd, das ganz viel Nähe und Streicheleinheiten braucht und sich gern hinter Ihnen versteckt. Trotzdem muss auch dieses Pferd lernen, Ihren Raum zu akzeptieren. Oder kann Ihr Pferd vielleicht nichts mit Berührungen anfangen? Respektieren Sie das, Sie haben es sich so ausgesucht. Dennoch wird es Ihren Schutz brauchen. Spannend für die Beziehung zwischen Ihnen und Ihrem Pferd ist auch die Frage, worin die Talente und Fähigkeiten Ihres Pferdes bestehen. Denn Ihr Pferd sollte diese auch ausleben dürfen. Machen Sie aus einem Springpferd kein Westernpferd. Und eines, das sich vor der Kutsche am wohlsten fühlt, möchte vielleicht am liebsten gar nicht geritten werden. Ein Pferd, das dynamisch große Distanzen traben und galoppieren möchte, wäre sehr unglücklich mit ausschließlich barocken Lektionen. Finden Sie heraus, was ihm Spaß macht. Bestimmt ist es mehr als nur eine Sache. Gestalten Sie Ihren gemeinsamen Alltag abwechslungsreich.

Seien Sie dabei ganz ehrlich zu sich und Ihrem Pferd. Freuen Sie sich über seine Begabungen, doch achten Sie auch seine Grenzen. Es wird Ihnen helfen, Ihrem Pferd näherzukommen und Ihre Beziehung zu verbessern, wenn Sie wirklich über das Tier Bescheid wissen. Es erspart Ihnen beiden Enttäuschungen und Stress, weil Sie klarer sehen werden, was mit Ihrem Pferd geht und was nicht. Lassen Sie ihm seine Persönlichkeit, denn Sie haben möglicherweise eine ganz ähnliche.

ÜBUNG Das Pferd charakterisieren

Diese Übung ist recht amüsant. Charakterisieren Sie einmal Ihr Pferd. Nehmen Sie dazu Zettel und Stift zur Hand, und stellen Sie sich Ihr Pferd in seinem Alltag vor. Sehen Sie, wie es frisst, schläft, spielt, Kontakte pflegt, sich ausruht, wie es sich bei der gemeinsamen Arbeit einbringt, wie es sich Ihnen, aber auch anderen, fremden Menschen gegenüber verhält, welchen Status es in der Herde hat usw.
Seien Sie gnadenlos ehrlich! Ihrem Pferd macht das nichts aus. Es ist selbstbewusst genug, um zu sich und seinen Eigenarten zu stehen. Und Ihnen wird es helfen, Ihr Pferd noch klarer zu sehen und einen liebevoll-amüsierten Blick auf Ihren Gefährten zu werfen.

Anschließend möchte ich Sie bitten, herauszufinden, welche Eigenschaften des Pferdes mit Ihren eigenen übereinstimmen. Es werden wahrscheinlich gar nicht mal so wenige sein. Nehmen Sie es mit Humor!

ÜBUNG Was würde Ihr Pferd über Sie erzählen?

Nachdem Sie gerade über Ihr Pferd und seine kleinen charakterlichen Besonderheiten nachgedacht haben, möchte ich dem Tier nun die Gelegenheit geben, Sie zu beschreiben! Und natürlich müssen Sie nun für Ihr Pferd sprechen. Auch wenn es vielleicht nicht ganz so amüsant sein mag, sich selbst zu betrachten, möchte ich Sie trotzdem bitten, auch diese Übung ehrlich und schonungslos anzugehen.

Hier ein paar Stichpunkte, die Ihnen vielleicht helfen können:

- Was sagt Ihr Pferd über den Grund Ihres Zusammenseins?
- Was denkt Ihr Pferd darüber, was Sie von ihm wollen?
- Was glaubt Ihr Pferd, was Sie für es empfinden?
- Was sagt Ihr Pferd zu der Art, wie Sie den Kontakt pflegen?
- Wie sieht Ihr Pferd Ihren Charakter?
- Was sagt Ihr Pferd zu der Zeit, die Sie bei ihm verbringen? Ist sie ausreichend? Ist sie interessant? Oder ist sie leider zu anstrengend und zu stressig?
- Was sagt Ihr Pferd zu Ihrer Zuverlässigkeit?
- Was sagt Ihr Pferd zu Ihrer Kommunikationsfähigkeit? Kann es Sie einigermaßen verstehen? Oder kommunizieren Sie absolut aneinander vorbei?
- Was sagt Ihr Pferd über Ihre Reitleistung?
- Was sagt Ihr Pferd dazu, wie es sich von Ihnen behandelt fühlt?
- Was für ein Mensch sind Sie in den Augen Ihres Pferdes?
- Was könnten Sie aus Sicht Ihres Pferdes besser machen?
- Fühlt Ihr Pferd sich von Ihnen geliebt und beschützt, wenn Sie mit ihm zusammen sind?
- Was sagt Ihr Pferd über Ihre Beziehung zueinander? Möchte es sie aufrechterhalten? Oder würde es lieber gehen, wenn es könnte?
- Was würde Ihr Pferd Ihnen sagen, was Sie verändern müssten, damit es in der Beziehung mit Ihnen bleiben möchte?
- Ist Ihr Pferd glücklich mit Ihnen?
- Würde es sagen: »Du bist mein Mensch«?

Das Pferd als Heiler

- Hatten Sie auch schon einmal das Gefühl, ein Pferd hat Ihnen über eine dunkle Zeit hinweggeholfen und Ihnen treu zur Seite gestanden, als Sie es brauchten?
- Waren es Pferde, die Ihr Leben positiv verändert haben?
- Haben Sie durch ein Pferd erkannt, wer Sie wirklich sind?
- Haben Sie durch ein Pferd zu Ihrer Lebensaufgabe gefunden?
- Haben Sie sich auch schon mal ins Stroh zu Ihrem Pferd gesetzt, wenn es Ihnen nicht gut ging, und dabei Trost und Kraft gefunden?
- Haben Sie bei einer Erkrankung schon mal gespürt, dass Sie sich nach einem Besuch bei Ihrem Pferd gesünder fühlten?

Wenn Sie einige oder vielleicht sogar alle diese Fragen mit »Ja« beantworten konnten, dann dürfen wir wohl zu Recht das Pferd als Ihren Heiler bezeichnen. Aus schamanischer und therapeutischer Sicht könnte man sagen, das Pferd leistet eine ganz ähnliche Arbeit für uns Menschen wie die Delfine. Tatsächlich ist es so, dass zahlreiche wundersame Heilungen auf der Seelenebene auf den Kontakt zu einem Pferd zurückzuführen sind. Es gibt Pferde, die sogar für ihren Menschen krank werden, nur, um ihn beharrlich auf seinen Weg hinzuweisen.

Allein, dass das Pferd sich zu dieser helfenden Arbeit »bereit erklärt«, ist erstaunlich. Warum helfen uns Pferde? Zwingen kann man sie jedenfalls nicht dazu. Sie tun es also freiwillig, obwohl wir ihnen nicht immer guttun. Es ist, als hätten sie in sich genetisch die Entscheidung verankert, uns Menschen helfen zu wollen, und zwar kompromisslos, koste es, was es wolle. Es wäre ein Leichtes für die Pferde gewesen, sich ihrer Domestizierung zu widersetzen. Dann könnten wir Pferde heute im Zoo betrachten. Stattdessen bemüht sich das Pferd, den Menschen zu verstehen und seine Wünsche umzusetzen, was oftmals schwierig sein dürfte. Ein Geschenk, das wir Menschen nur allzu selten zu würdigen wissen. Pferde sind uns als fühlende Wesen im sozialen Miteinander wohl weit voraus.

Ein Beispiel: Nehmen wir einmal an, wir versuchen, den Kontakt zu einem anderen Menschen, den wir gerade erst kennengelernt haben, zu analysieren, weil uns irgendetwas irritiert. Dabei ist nicht nur der Kopf sehr beschäftigt, sondern auch unsere Gefühle sind möglicherweise bei dem Versuch, die neue Bekanntschaft einzuordnen, sehr widersprüchlich. Nun sind wir vollständig verwirrt und wissen nicht, wem wir vertrauen können: dem Kopf oder dem Gefühl. Das Pferd ist bereits viel weiter. Binnen Sekunden hat es die Energie und die Emotionen des ihm noch fremden Menschen erfasst und entschieden, ob es ihm lieber ausweichen oder ihn doch kennenlernen möchte. Und wenn ihm die Energie besonders gut gefällt, wird es sich, ganz Herdentier, sogar dazu entscheiden, sich ihm anzuschließen und zu folgen.

Diese Ehrlichkeit des Pferdes mag für so manchen von uns schwer verkraftbar sein, aber wir können nur davon lernen. Gerade auch im alltäglichen Umgang mit unseren »Artgenossen«.

Natur

Nichts ist so heilsam wie, draußen in der freien Natur zu sein, Wind, Regen und Sonne zu spüren, frische Luft zu atmen, mit dem Pferd spazieren zu gehen oder sich von ihm durch den Wald tragen zu lassen und dabei seine Kraft zu spüren.

Der Kontakt, mitunter auch der verloren gegangene Kontakt zur Natur, ist es, den uns das Pferd wieder näherbringt. Unser Körper, der ja ebenfalls ein Stück Natur ist, wird beim Erleben der Kraft des Pferdes und der Schöpfung um uns herum stark zum Schwingen gebracht. Das Schaukeln beim Reiten kann an allererste frühkindliche Erfahrungen erinnern, an die Geborgenheit, die wir bei unserer Mutter gespürt haben. Das erklärt auch die Erfolge der Reittherapie. Viele Kinder fangen spontan an zu singen, oder werden ganz still und nehmen die Dinge um sich herum plötzlich viel bewusster wahr. Kinder haben noch einen direkteren Kontakt zu ihrer Seele, und es ist die Seelenebene, auf der das Pferd bei uns besonders heilend wirkt. Wenn wir es denn zulassen.

Ob als Erwachsener oder als Kind, in der Zusammenarbeit mit dem Pferd können Körper und Seele wieder zusammengebracht werden. Insbesondere Menschen, die durch stark verletzende Erlebnisse einen Teil ihrer Seele abgespalten haben, können diesen verlorenen Anteil nicht selten durch die Heilarbeit mit dem Pferd wieder zu sich zurückholen. Ich selbst durfte das bei meiner Arbeit schon manches Mal erleben. Es ist stets ein Moment der Ehrfurcht.

Körpergefühl

Beim Reiten wird das eigene Körperempfinden im Kontakt mit dem Pferd auf unvergleichliche Art angesprochen und ganz bewusst erlebt. Das innere und äußere Gleichgewicht zu finden, das innere und äußere Loslassen zu erlernen, sind nur zwei der wesentlichen Herausforderungen für uns Menschen, die mit dem Pferd zusammen gemeistert werden können.

Der ständige Wechsel zwischen Spannung halten und Spannung lösen lehrt uns Flexibilität. Die Höhe, Bewegung und Körperwärme des Pferdes sensibilisieren die eigene Sinneserfahrung. Geschwindigkeit zu erleben und diese in Übereinstimmung mit dem Pferd zu regulieren, fordert uns extrem heraus. Die Arbeit rund um das Pferd ist anstrengend, schmutzig und findet in der Regel draußen statt. Man ist den Elementen ständig ausgesetzt, und der Körper hat sich flexibel den durch die Jahreszeit bedingten Wetterbedingungen anzupassen. Der Reiter durchlebt durch unterschiedliche Herausforderungen mit dem Pferd eine ganze Palette von Gefühlen über Freude, Aufregung, Angst und Mut bis hin zu Adrenalinstößen.

Und letztendlich gilt die Verschmelzung von Pferde- und Menschenkörper zum Ausdruck des vollständigen Einklangs als höchstes Ziel. Um ein berührendes Beispiel zu nennen: Ein vierjähriges Mädchen aus meiner »Reitgruppe der Tiergestützten Pädagogik« stieg nach einer Runde »Geschaukeltwerden«, wie sie es nannte, vom Pony, umarmte dieses spontan mit großer Innigkeit und sagte zu ihm: »Ich liebe dich.«

Persönlichkeitsentwicklung

Heilsam kann uns das Pferd durch den Prozess der Persönlichkeitsentwicklung tragen. Wie oft hört man Leute sagen: »Mein Pferd hat mich zu einem besseren Menschen gemacht.« Ist man bereit zur Veränderung, kann uns das Pferd dabei helfen. Es lehrt uns einen offeneren und ehrlicheren Umgang mit anderen Menschen. Es sensibilisiert uns für die Wahrnehmung von Energieschwingungen und bringt uns unseren eigenen Gefühlen näher, manchmal auf unangenehm deutliche Art. Es schult unsere Körpersprache, weil es selbst ein Meister im Lesen der Körpersprache ist und jeden Wimpernschlag zu deuten weiß. Es stärkt unser Selbstbewusstsein, weil es Menschen liebt, die ihm durch ihre eigene Ausstrahlung und Persönlichkeit Schutz und sichere Führung geben. Dafür bekommen wir im Gegenzug das uneingeschränkte Vertrauen des Pferdes geschenkt, was wiederum zu einer Stärkung unseres Selbstwertgefühls führt.

Daraus nähren sich das Verantwortungsgefühl und die Fähigkeit zur Fürsorge für das Pferd und für uns selbst. Wir lernen, eigene Grenzen wahrzunehmen und auch zu setzen. Die Beziehungsfähigkeit wird gestärkt, wir erleben, wie es ist, Vertrauen zu entwickeln, und können – wenn wir es denn zulassen – Geborgenheit und tiefe Zuneigung spüren. Denn wir haben mit dem Pferd einen kraftvollen, verlässlichen, geduldigen und meist gutmütigen Partner an unserer Seite, der uns selten etwas nachträgt, uns aber bedingungslos liebt und unsere Eigenarten vollständig akzeptiert. Nicht wenige Menschen haben das Bedürfnis, sich an den Pferden emotional »nachzunähren«, was viele Pferde selbstlos zulassen.

Das Pferd hält uns einerseits geistig wachsam und gibt uns ständig Anlass, Neues zu lernen. Doch auf der anderen Seite kann man im Kontakt mit dem Pferd wunderbar üben, in eine meditative Stille zu gelangen, indem man die eigenen Gedanken herunterfährt und in einen geistigen Entspannungszustand kommt. Pferde befinden sich häufig in diesem Niedrigfrequenzbereich. Dadurch, dass sie nicht ständig mit Denken beschäftigt sind, können sie viel feiner auf allen Ebenen des Seins wahrnehmen. Versuchen Sie einmal, sich von seiner entspannten Energie anstecken zu lassen und das ständige Denken abzustellen. Es ist ein wunderbares Gefühl.

Und nicht zuletzt macht Reiten intelligent. Der Takt der Pferdebewegung fordert das Gehirn in besonderem Maße und veranlasst Nervenbahnen dazu, neue Verbindungen herzustellen.

Bei meiner Arbeit mit Kindern und Pferden konnte ich unzählige Male erleben, wie aus einst schüchternen und unsicheren Mädchen durch den Umgang mit dem Pferd selbstbewusste junge Frauen wurden, die ihr Leben selbstbestimmt in die Hand nahmen und dabei ein großes Spektrum an emotionaler Kompetenz erwarben.

Einmal redete ich während meiner Arbeit lange auf ein sehr ängstliches neunjähriges Mädchen ein, das unter keinen Umständen Kontakt zu unseren Ponys wollte. Normalerweise ist es nicht meine Art, Kinder zum Kontakt mit Pferden zu überreden, und damals wunderte ich mich über mich selbst. Das Mädchen ließ sich schließlich halbherzig und mehr mir zuliebe auf einen Kontaktversuch mit einem der Ponys ein. Bereits nach einigen Monaten wurde aus dem vormals ängstlichen Mädchen eine begeisterte Reiterin, und sie sog wie ein Schwamm alles Wissen über Pferde in sich auf. Später zeigte sich, wie groß ihr Talent im Umgang mit den Pferden wirklich war. Die Tiere wurden zu ihrem Lebensmittelpunkt. Heute arbeitet sie erfolgreich mit Pferden und lässt sich zur Pferdegesundheitstrainerin ausbilden. Und ich ahne mittlerweile, wieso ich damals so auf sie einredete. Da hatten sich unsere Seelen wohl abgesprochen.

Jule auf ihrem Pflegepferd

ÜBUNG: Was hat Ihr Pferd bei Ihnen geheilt?

Begeben Sie sich an einen ruhigen, angenehmen Ort, vielleicht zu Hause oder aber auch in der Natur. Nun lassen Sie die gemeinsame Zeit mit Ihrem Pferd Revue passieren. Denken Sie an all die Lebensabschnitte, durch die Ihr Pferd Sie begleitet hat.

Fragen Sie sich:

- Was hat es für Sie getan?
- Wobei hat es Ihnen vielleicht zur Seite gestanden?
- Wo hat es Ihr Leben maßgeblich verändert oder mitgestaltet?
- Was haben Sie durch Ihr Pferd lernen dürfen oder auch lernen müssen?
- Wobei hilft Ihnen Ihr Pferd?
- Und worin blockiert es Sie vielleicht auch?
- Wie wäre Ihr Leben verlaufen, wenn Sie kein Pferd gehabt hätten?
- Inwieweit hat Ihr Tier Ihr Schicksal bestimmt?
- Was hat Ihr Pferd bei Ihnen geheilt?

Danken Sie Ihrem Pferd dafür.

Das Pferd als spirituelles Wesen

Es gibt eine Art der Anziehung, die sich uns in einem »normalen« Bewusstseinszustand nicht erschließt. Pferde dienen uns hingebungsvoll, Pferde spiegeln unsere Persönlichkeit, Pferde ähneln uns ... Doch wirkliche Erklärungsmodelle für die Liebe des Menschen zum Pferd sind rar und oft sehr einseitig formuliert. Wir Pferdemenschen können meist über diesbezügliche Aussagen Außenstehender nur schmunzeln. Wissen wir selbst doch tief in unserem Innersten am besten, weshalb wir Pferde lieben und was sie uns bedeuten. Im Grunde hat das Flucht- und Beutetier Pferd zwar sehr wenig mit dem raubtierähnlichen Wesen Mensch zu tun. Dennoch scheinen diese wunderbaren Tiere etwas für uns zu symbolisieren, was unsere tiefste Sehnsucht anspricht. Wollen wir ein bisschen sein wie sie? Wollen wir uns ihre Fähigkeiten zu eigen machen? Ihre Kraft, ihre Schönheit, ihr Wesen als solches?

Möglicherweise ist es das, was uns Menschen die Nähe zum Pferd suchen lässt – der Wunsch, zum Zentauren zu werden. Mensch zu sein und das Menschsein doch gleichzeitig zu überwinden, wenn wir mit dem Körper und der Seele des Pferdes verschmelzen und für jenen Moment zu einem ganz eigenen Wesen werden. In diesem so wunderbaren Augenblick erscheint das Leben vollkommen.

Ich habe versucht, mich dem Geheimnis »Pferd« und seiner spirituellen Bedeutung auf schamanische Art zu nähern. Was bedeutet es, von dem Pferd als spirituelles Wesen zu sprechen? Spiritualität meint die geistige Suche nach dem Sinn und der Erfüllung des Lebens. Die Bedeutung unseres Daseins zu erkennen und unseren göttlichen Ursprung zu spüren – unsere Seele in Verbundenheit mit allem, was ist: mit der Schöpfung bzw. der Natur und in unserem Fall mit den Pferden, die unsere Seele in irgendeiner Form sehr stark berühren.

Uns selbst fällt es häufig schwer, die Botschaften unserer Seele zu verstehen. An diesem Punkt möchte ich ein wenig helfen. Die Seele äußert sich in unseren Emotionen und Sehnsüchten, in dem unbestimmten Gefühl, noch etwas erledigen zu müssen, in Talenten und Aufgaben. Die Seele will lernen, will wachsen, das Leben nutzen, um sich auszudrücken. Sich davor zu verschließen, endet nicht selten in einer sehr schmerzhaften Erfahrung, denn die Seele lässt sich auf ihrem Weg nicht aufhalten. Jeder Mensch hat seine

Lebensaufgabe, die er mit in diese Welt gebracht hat. Das kann ein wiederkehrendes Thema sein, das es wahrzunehmen und zu bearbeiten gilt, vielleicht ein ungeliebtes Gefühl, die Angst, die immer wieder in unterschiedlichen Situationen auftaucht. Auch, wie Beziehungen gelebt oder eben nicht gelebt werden, kann ein Lebensthema sein, zum Beispiel das Wiederholen eines bestimmten Musters, das es irgendwann zu durchbrechen gilt. Krankheiten, Unfälle, mangelnde berufliche Erfüllung, all das können seelische Lebensthemen sein. Darüber hinaus gibt es noch für jeden Menschen eine große spirituelle Aufgabe, die sich durch viele Leben hindurchzieht. In ihr äußert sich der Wunsch der Seele nach Ausdruck. Wenn Sie diesem Wunsch nachkommen, werden Sie sich Ihrer Seele bewusst. Sie fühlen sich verbunden mit allem, was ist. Sie sind sich Ihres wahren Selbst, Ihrer Größe, Ihrer Kraft und Ihrer Liebe bewusst. Sie sind einfach und spüren in dem Moment: Alles ist gut. Das Leben ist Glück.

Und jetzt wage ich mal zu behaupten, dass Sie diese Momente kennen und schon häufig erlebt haben – mit Ihrem Pferd, vielleicht draußen in der Natur. Pferdemenschen haben es insofern gut, als dass das Pferd wie eine Antenne für die Botschaften der Seele wirkt. Der Alltag verlangt, dass wir funktionieren. Wir haben selten Zeit, der Seele zu lauschen, und wenn wir es mal schnell versuchen, dann hören wir nichts. Das Pferd schaltet dieses »Funktionieren« für einige Zeit aus, wenn wir Glück haben und es zulassen. Wir entfliehen dem Alltag für ein paar Stunden, verbinden uns mit dem Pferd, werden still und öffnen uns für unser wirkliches Sein.

Die Seele sendet ihre Botschaften an unser Unterbewusstsein in Form von Bildern, Symbolen oder Träumen, an unseren Geist in Form von Ideen, Wünschen und Projekten und an unseren Körper in Form von Gefühlen, Beschwerden, Blockaden und manchmal auch Unfällen.

In der symbolischen, bildhaften Sprache erscheint uns das Pferd in vielen Kulturen auf die unterschiedlichsten Weisen. In der schamanischen Tradition, auf die ich in diesem Buch näher eingehen möchte, weiß man, dass das Pferd die Seele des Menschen auf eine besondere Art berührt und sehr stark auf sie wirkt. Deswegen gilt das Pferd bei den Schamanen auch als machtvolles Krafttier.

Krafttier Pferd

Was sind Krafttiere für uns Menschen? Die Indianer Nordamerikas, die im Gegensatz zu den meisten von uns heutigen Europäern sehr naturverbunden lebten, kannten die Eigenschaften der unterschiedlichsten Tiere sehr genau. War ein Mensch mit ähnlichen Besonderheiten ausgestattet wie ein bestimmtes Tier, so war das sein Totem oder auch sein Krafttier, das ihn sein Leben lang begleitete.

Die Verbindung zu dieser Energie des Tieres ist vor allem geistiger und seelischer Art. Es kommt vor, dass sich Krafttiere plötzlich in bedeutungsvollen Lebensphasen eines Menschen zeigen, in Phasen, in denen genau die symbolische Energie dieses Tieres benötigt wird, um den Veränderungsprozess erfolgreich zu durchlaufen.

Jedes Tier hat als Teil der Schöpfung besondere Fähigkeiten, Verhaltensweisen und symbolische Kräfte. Manche davon scheinen uns auf eine seltsame Art und Weise anzusprechen. Wir sollten uns dieser Kraft dann bewusst öffnen. Es ist, als würde uns etwas mit dem entsprechenden Tier – unserem Krafttier – verbinden. Die Weisheit unseres Krafttieres ist es, der wir lauschen müssen und die wir uns zu eigen machen können. Es ist für uns seelische Medizin und Lehrer zugleich.

Wenn das Pferd Ihr Krafttier ist – und die Wahrscheinlichkeit ist groß, wenn Sie Ihr Herz bereits an eines dieser wundervollen Geschöpfe verloren haben, oder besser gesagt, wenn Sie Ihr Herz tagtäglich durch den Kontakt zu ihm bereichern –, dann sollten Sie viel Zeit darauf verwenden, Ihr Pferd zu studieren, mit ihm zusammen zu sein, von ihm zu lernen und seine Weisheit zu Ihrer eigenen zu machen. Das wird Ihre Persönlichkeit und Ihre Seele wachsen lassen.

Das Pferd steht für Freiheit, physische Kraft, Ausdauer und Bewegungsfreude, für Ruhe, Spielen, Zärtlichkeiten austauschen, Schutz und Nähe genießen sowie für hohe Anpassungsfähigkeit. Das Pferd will führen oder sich sicher und vertrauensvoll führen lassen. Es ist ein Fluchttier, hasst Enge und braucht viel Raum, Luft und Licht um sich herum. Doch langsam lernt es, dass es in unserer Welt nicht mehr ständig flüchten muss. Die stärksten Pferdepersönlichkeiten führen ihre Herden an. Und das sind nicht die, die am aggressivsten agieren, sondern jene, die eine hohe soziale Intelligenz besitzen, Schutz bieten können und die Herde mit Weisheit führen. In der schamanischen Tradition steht das Pferd für die Macht des Schamanen, seine Weisheit wirken zu lassen und diese Macht nie zu missbrauchen.
Das Pferd selbst würde seine Kraft niemals missbrauchen. Das erkennen wir schon allein an seinem Umgang mit uns Menschen. Körperlich ist uns das Pferd weit überlegen, doch es hat sich trotzdem entschlossen, an unserer

Seite zu gehen. Und so lassen sich große und starke Pferdepersönlichkeiten selbst von kleinen Kindern führen oder reiten. Das Pferd will lieben und geliebt werden, aber trotzdem frei sein. Es will eine Herde um sich haben, in der es Schutz findet. Doch innerhalb seiner Herde braucht es einen eigenen Entfaltungsraum. Das Pferd schließt tiefe, lang andauernde Freundschaften. Und wenn es mal kein Bedürfnis nach Nähe hat, zieht es sich für eine Weile zurück. Das Pferd ist Sanftmut und Schönheit zugleich. Es braucht zum Überleben die Verbindung zur Erde, aus der es einen Teil seiner Kraft zieht. Sollten Sie jetzt Übereinstimmungen zwischen sich und dem Wesen Pferd entdeckt haben, wundern Sie sich nicht. Ihr Krafttier begleitet Sie.

Lange bevor dieses Buch entstand, habe ich mich viel mit Schamanismus befasst. Der Grund dafür war – wie könnte es anders sein – natürlich auch ein Pferd: mein Pony Jaspar. Aus scheinbar unerklärlichen Gründen fing er plötzlich an zu kränkeln. Ich probierte jede Heilweise aus. In meiner Verzweiflung und Sorge wäre ich sogar im Handstand singend und mit Clownsnase durch die Fußgängerzone gelaufen, wenn man mir gesagt hätte, dass ihm das helfen könnte. Jedenfalls habe ich mich in den Jahren seiner Krankheit intensiv mit alternativen Heilmethoden und letztlich mit Energiearbeit und Schamanismus beschäftigt. Ich habe mehrere Einweihungen durch spirituelle Lehrer erhalten und viel erlebt und gelernt. Ich bin in dieser Zeit auch zu meinem Krafttier gereist und würde Ihnen gern davon erzählen. Vielleicht haben Sie danach Lust, auch Ihrem Krafttier zu begegnen?

Meine **erste** schamanische Reise zum Krafttier Pferd

Ich befinde mich in tiefer Meditation. Ich will meinem Krafttier in der Geistigen Welt begegnen, um ihm Fragen zu stellen. Um mich herum eröffne ich einen energetischen Schutzraum. Dann beginne ich, in einem bestimmten Rhythmus zu atmen. Dieser lässt mich immer tiefer in verschiedene Bewusstseinsebenen sinken. Ich gerate in einen tranceähnlichen Zustand. Mein Energiekörper reist in die Erde. Ich komme zu einem unterirdischen Wasserlauf, der mich zugleich trägt und reinigt. Irgendwann sehe ich die Wiese, auf der ich meinem Krafttier begegnen will. Ich setze mich auf einen Felsen, doch ich muss nicht lange warten. Ein wildes, geschecktes Pferd galoppiert mir entgegen. Es strotzt vor Kraft und Lebensfreude. Die wunderschöne Ausstrahlung dieses Tieres öffnet mein Herz. Es scheint schon ein wenig ungeduldig auf meine Ankunft gewartet zu haben.

»Warum ein Pferd?«, will ich wissen.
»Weil du uns ähnlich bist. Doch du sollst uns noch besser verstehen lernen.«
»Wie kann man eure Kraft im Alltag nutzen?«
»Mit dem Wind rennen, aus Freude, nicht um zu fliehen. Die Zeit der Flucht ist für uns Pferde vorbei. Wir spiegeln eure seelischen Anteile wider. Ihr könnt von uns lernen. An uns wachsen. Seid wie wir: wild, aber anpassungsfähig, stark, sanft und schön. Genießt die Herde, ihren Schutz und den eigenen Platz darin. Ihr könnt entscheiden, welche Position Ihr einnehmen möchtet, aber dann müsst Ihr sie auch mit aller Hingabe ausfüllen. Seid intuitiv und lernt, die kleinsten Signale zu lesen und zu deuten. Wir Pferde werden geliebt und vergöttert. Und häufig missbraucht. Wir können den Menschen, denen wir misstrauen, nicht immer aus dem Weg gehen, weil uns die Freiheit dafür fehlt. Ihr Menschen habt das Glück, dass Ihr das noch selbst entscheiden könnt.«
»Wie können wir eure Kraft im Umgang mit euch nutzen?«
»Werdet zum Pferd, zum Leittier, dessen Eigenschaften Herz, Weisheit und energetische Ausstrahlung sind – nicht Aggression.«

ÜBUNG: Reisen Sie zu Ihrem Krafttier Pferd

Mit dieser schamanischen Übung reisen Sie mit Ihrem Bewusstsein an einen Ort, der es Ihnen ermöglicht, Ihrem Krafttier Pferd zu begegnen. Sorgen Sie bitte dafür, dass Sie absolut ungestört sind. Legen Sie den Telefonhörer neben die Gabel, schalten Sie Ihr Handy aus. Wählen Sie eine Tageszeit, die Ihnen allein gehört. Bereiten Sie Ihren Raum so vor, dass Sie sich entspannt hinsetzen oder hinlegen können. Es ist wichtig, dass Sie während Ihrer Reise energetisch geschützt sind. Stellen Sie sich vor, dass Sie in einer großen Kugel aus goldenem Licht sitzen oder liegen, die Sie ganz und gar umgibt. Bitten Sie zusätzlich die Engel, Sie während Ihrer Reise gut zu beschützen und Sie sicher hin und wieder zurückzuführen.

Bringen Sie Ihre Hände in Gebetshaltung vor der Brust zusammen – das erhöht Ihre Schwingung –, und sagen Sie laut, dass Sie nun zu Ihrem Krafttier, dem Pferd, reisen wollen. Atmen Sie nun in einem bestimmten Rhythmus. Dabei atmen Sie ein und zählen dabei bis sieben, dann halten Sie den Atem an und zählen wieder bis sieben. Beim Ausatmen zählen Sie erneut bis sieben und verharren »ohne Luft« ebenfalls bis sieben. Das ist ein Atemzyklus. Das Ganze machen Sie bitte insgesamt sieben Mal.

Es heißt, diese Atemübung befreie uns von der Wahrnehmung der Zeit und lasse unser Unter- und Überbewusstsein in die Vergangenheit und in die Zukunft reisen.

Stellen Sie sich nun vor, dass Sie in die Erde eintauchen. Sie sinken durch verschiedene Gesteinsschichten und nähren sich an ihren Mineralen. Sie tauchen tiefer in die Erde ein, bis Sie an einen Flusslauf kommen. Steigen Sie in das Wasser, und reinigen Sie sich ausgiebig. Lassen Sie das fließende Wasser alles fortspülen, was Sie belastet. Wenn Sie eine Weile in dem Wasser gebadet haben, trägt der Fluss Sie weiter, bis Sie an ein schönes Ufer mit einer grünen Wiese gelangen. Betrachten Sie diesen wunderbaren, heiligen Ort, und erfreuen Sie sich daran. Setzen Sie sich auf einen Stein, und lassen Sie sich in der Sonne trocknen.

Nun schließen Sie die Augen und erwarten Ihr Krafttier Pferd. Es wird ganz sicher kommen und sich Ihnen von hinten nähern. Wenn es da ist, fühlen Sie, wie es Kontakt zu Ihnen aufnimmt. Spüren Sie seinen Atem an Ihrem Hals. Nun öffnen Sie die Augen, und schauen Sie Ihr Krafttier an. Sehen Sie seine Schönheit, und erkennen Sie seine Weisheit. Berühren Sie Ihr Pferd, sobald es Ihnen die Erlaubnis dazu gibt.

Schauen Sie, wo es Berührungen besonders gern hat. Wenn Sie seinen Körper ausgiebig gestreichelt haben, sehen Sie ihm in die Augen, und fragen Sie:

- Was für eine Kraft gibst du mir?
- Welche deiner Eigenschaften werden auch zu meinen?
- Was ist meine Aufgabe mit euch Pferden?
- Was wünschst du dir von mir?
- Was sind meine Schwächen?
- Was muss ich noch lernen?
- Wie wirst du mir im Alltag helfen?
- Was kann ich für dich und für die Pferde im Allgemeinen tun?

Fragen Sie, was immer Sie wissen möchten. Danach bitten Sie Ihr Krafttier, Sie auf dem Rückweg zu begleiten. Gehen Sie zusammen durch den Fluss. Kehren Sie zurück durch die Gesteinsschichten, bis Sie wieder in Ihrem Zimmer und schließlich zurück in Ihrem Körper sind. Nehmen Sie Ihr Krafttier, das reine Energie ist, ebenfalls in Ihren Körper auf. Spüren Sie, wie es in die Zellen Ihres Körpers, in Ihre Chakren fließt, wie sich seine Kraft mit Ihnen verbindet. Atmen Sie Ihr Krafttier ein. Danken Sie ihm, und bewahren Sie es liebevoll in Ihrem Herzen.

Kreuzen Sie die Arme vor Ihrer Brust, sodass Sie Ihre Schultern mit den Händen berühren. Das wird Sie erden. Strecken Sie sich, reiben Sie Ihre Augen, Ihr Gesicht und Ihre Hände.
Danken Sie den Engeln für ihren Schutz, und lösen Sie die Lichtkugel auf.

Nun nehmen Sie ein Tagebuch zur Hand und schreiben all die Fragen, Antworten und Erlebnisse Ihrer Reise auf.

Reiten einmal von der Metaebene aus betrachtet

Kein anderes Tier als das Pferd lässt eine derartige Verschmelzung mit einem völlig artfremden Wesen auf seinem Rücken zu. Es ist dank seiner Geduld und Klugheit in der Lage, trotz vieler widersprüchlicher Signale immer wieder nach Harmonie mit dem Reiter zu streben.

Doch warum ist Reiten eine Kunst, wie es so oft behauptet wird? Die Kunst des Reitens ist nicht, das Pferd mit Hilfsmitteln zur Beherrschung von Lektionen zu bringen, die irgendwann mal als bedeutsam befunden wurden. Die Kunst ist es, sich wie zwei Tänzer miteinander zu bewegen, voll gegenseitigen Verständnisses und Vertrauens. Das Pferd übernimmt in diesem Tanz meistens den größeren Anteil, weil es sich stärker bemüht, den Menschen zu verstehen, als umgekehrt. Doch geben beide gleich viel hinein, ist es ein Austausch, ein Schwingen zweier unterschiedlicher Wesen in einer ganz außergewöhnlichen Energie. Somit ist die Kunst des Reitens Kommunikation – und das Verschmelzen zweier Wesen auf der körperlichen und energetischen Ebene eine gemeinsame Idee der Bewegung. Das ist es, was uns anrührt, wenn wir solch ein Paar sehen, das das Unsichtbare sichtbar werden lässt – was leider viel zu selten vorkommt.

Es gibt für uns Menschen hier und heute kaum einen Grund, auf dem Rücken eines Pferdes zu sitzen. Wir sollten uns wirklich manchmal fragen, wie dies ethisch zu begründen ist. Dennoch reiten wir – auch ich. Und ich könnte nur sehr schwerlich darauf verzichten. Noch schwerer sind für mich die Ethik und das Pferd im hoch bezahlten Turniersport vereinbar.

Reiten verliert seine Daseinsberechtigung, wenn es etwas anderes ist als ein Spiel zweier von Natur aus ungleicher Wesen, die Freude an der gemeinsamen Bewegung und der dadurch zusätzlich gewonnenen Freiheit und Lebensfreude haben.

Meine **zweite** schamanische Reise zum Krafttier Pferd

Wieder sitze ich in tiefer Meditation. Ich will meinem Krafttier erneut in der Geistigen Welt begegnen, um ihm weitere Fragen zu stellen. Um mich herum eröffne ich den energetischen Schutzraum. Ich beginne zu atmen, sinke immer tiefer in meine Bewusstseinsebenen …, erhalte Botschaften:

»Menschen sind Raubtiere auf Pferden. Studiere deren Verhalten, lerne, sie zu verstehen. Sie folgen dem, der Mut hat. Gehe reinen Herzens zu ihnen, und sie glauben und vertrauen dir. Reiten ist Konzentration, energetische Verschmelzung. Werdet zum Pferd. Umgebt euch mit einer gemeinsamen Aura. Reitet das Pferd so, dass es schön dabei aussieht, dass es seinen Stolz, seine Ausstrahlung behalten kann. Denn das Pferd will seine Schönheit wahren dürfen und nicht demütig das eigene Sein verleugnen müssen.«

Ich frage: »Warum reiten Menschen?«

Antwort: »Sie wollen mit dem Pferd die Schöpfung erleben. Pferde spielen gern. Also spielt Reiten! Pferde wollen ihre Schönheit wahren. Also lasst ihnen ihre Schönheit dabei! Reitet, um die Schöpfung zu erleben. Ihr selbst seid ein Teil der Schöpfung. Pferde sind Teil der Schöpfung. Schöpfung ist Liebe. Also spürt nur Liebe beim Reiten! Widersteht allem, was euch daran hindert, Liebe beim Reiten zu fühlen. Und möge es noch so schwer sein.«

Ein kleines Gedankenspiel

Wie kam es wohl dazu, dass der allererste Mensch sich auf den Rücken des Pferdes schwang? Ich stelle es mir so vor:

Das Pferd war bis zu jenem außergewöhnlichen Zeitpunkt, als der Mensch zum ersten Mal auf einen Pferderücken sprang, nur Beutetier und wurde um seines Fleisches willen gejagt. Vielleicht wäre es ausgestorben, ausgerottet worden, wenn man es nicht als Reittier entdeckt hätte. Vielleicht ist der erste Mensch bei der Jagd von einer Anhöhe oder einem Baum aus wie ein Raubtier auf das Pferd gesprungen, um es zu überwältigen.

Das Pferd galoppierte los und wollte, wie es nun mal seine Art ist, der Situation durch Flucht entkommen. Es lief und lief – und lief sich allmählich müde. Und der Mensch saß oben, und eine Verwandlung geschah mit ihm. Verwundert stellte er fest, wie wunderbar es war, auf dem Rücken dieses Tieres zu sitzen. Das Pferd wiederum bemerkte die seltsame Energieveränderung, die auf seinem Rücken vor sich ging. Es spürte, wie aus dem Raubtier Mensch ein harmloses Wesen voller kindlicher Liebe wurde, das sich erinnert fühlte an das Leben im Bauch der Mutter und erfüllt war vom Glücksgefühl des Geschaukeltwerdens durch das Pferd. Darin lag das Geheimnis.

Wenn man reitet, vergisst man alles andere um sich herum und gelangt zu dem Ursprung, zu der Quelle seiner Gefühle. Das Getragen- und Gehaltenwerden, die Vorwärtsbewegung, ohne sich selbst zu bemühen, die Wärme in diesem beruhigenden Rhythmus, der die Gehirnströme des Reiters verlangsamt, bis er in eine Art entspannten Schlafzustand gelangt, der einer Meditation gleicht … voller Weisheit entdeckte das Pferd darin seine große Chance. Es war in der Lage, aus einem »Raubtier« einen Menschen zu machen, der die Bedeutung dieser vom Pferd ausgelösten Gefühle wohl zu schätzen wusste und somit dem Pferd den Status eines heiligen Tieres verlieh, dessen halbmondförmige Hufabdrücke fortan das Symbol der mütterlich-weiblichen Kraft darstellten.

Die Pferde waren weise genug, zuzulassen, dass sie geritten wurden. Und der Mensch bot ihnen im Gegenzug dafür Schutz. Denn das Bedürfnis nach Schutz steht bei dem Pferd vor allen anderen Bedürfnissen.

So dient das Pferd dem Menschen, und der Mensch dient dem Pferd. Er sorgt für Futter, Pflege, einen trockenen Platz zum Schlafen, und er beschützt es vor seinen Feinden und vor Raubtieren. Manch einer gibt all seine Zeit, seine Gedanken, seine Gefühle und sein Geld für das Pferd. Allein, damit er es reiten und in seiner Nähe sein darf. Königreiche wurden für Pferde versprochen und ihr Hafer vergoldet. So viel der Anbetung ging dann doch leider häufig zulasten der Gesundheit des Pferdes. Und so manches Pferd hat bedauerlicherweise noch immer ein Raubtier zum Menschen.
Wie stellen Sie sich die erste freundschaftliche Begegnung zwischen Mensch und Pferd vor? Wenn Sie Lust haben, schreiben Sie diese doch einmal auf.

Mensch und Pferd als Einheit – Wie sich Menschen- und Pferdeseele gegenseitig zum Ausdruck bringen

Wir sind schon auf die Talente Ihres Pferdes zu sprechen gekommen. Doch nun wollen wir uns einmal genauer damit befassen, was sich Ihr Pferd von diesem seinem Leben verspricht. Und glauben Sie mir, Sie als sein Mensch hängen mit drin, in diesem Plan!

Wenn wir das Pferd als spirituelles Wesen begreifen, wird es uns nicht verwundern, dass die Pferdeseele, genau wie unsere, eine ganz bestimmte Vorstellung von diesem Leben verfolgt. Es gibt nur einen Unterschied: Der Mensch hat einen freien Willen und kann sich jederzeit entscheiden, seinen Seelenplan zu verändern, Tiere können das nicht. Ihre Seele kommt mit einem vorgeschriebenen Weg in das Leben und wird diesen einhalten. Tod und Wiedergeburt sind für uns schmerzhafte Prozesse. Für Tiere sind Reinkarnationen selbstverständlich. Man könnte auch sagen, sie machen nicht so eine große Sache daraus wie wir.

Doch nun schauen Sie sich Ihr Pferd an. Haben Sie eine spontane Idee, was es sich von diesem Leben, dieser Inkarnation, die es letztendlich zu Ihnen geführt hat, verspricht? Was sind die Begabungen Ihres Pferdes? Haben Sie diese schon entdeckt? Was möchte es?

Und, vor allem, was hat es mit Ihnen vor? Gibt es Lernerfahrungen, die Sie durch Ihr Pferd gemacht haben? Schmerzhafte oder schöne? Leben Sie den

Weg Ihrer Seele, oder muss Ihr Pferd Sie ständig daran erinnern? Vielleicht sogar auf Kosten seiner eigenen Gesundheit?

Es kann sein, dass Ihr Pferd schon einmal als ein Begleiter in Ihrem Leben da war. Keine Sorge, die Menschen- und Tierseelenwelt ist streng getrennt. Ihr Pferd ist nicht die Reinkarnation Ihres strengen Großvaters. Dennoch kann es sein, dass wir manchmal das unbestimmte Gefühl haben, unser Pferd schon sehr lange zu kennen. Vertrauen Sie diesem Gefühl, aber messen Sie dieser möglichen Tatsache auch nicht zu große Bedeutung bei. Entscheidend ist dieses Leben und das, was Sie mit Ihrem Pferd jetzt gemeinsam zu bestreiten haben. Vielleicht haben Sie beide eine große und die Welt verbessernde Aufgabe zu meisten? Oder vielleicht geht es auch darum, dieses Leben einfach gemeinsam mit Spaß, Freude und Lerneifer zu genießen!

ÜBUNG: Die erste Begegnung

Wie haben Sie und Ihr Pferd zueinander gefunden oder warum haben Sie sich gerade solch einen Pferdegefährten ausgesucht?

- Wie sah die allererste Begegnung aus?
- Was war Ihre allererste Empfindung, als Sie Ihr Pferd sahen?
- Waren große Widerstände zu überwinden, um Sie beide zusammenzubringen?
- Was für Wünsche und Sehnsüchte hingen Ihrerseits damit zusammen?
- Warum gerade dieses Pferd? Was verbirgt sich in dem Wesen Ihres Pferdes oder was glauben Sie, in Ihrem Pferd »erkannt« zu haben? Worin haben Sie sich verliebt?

Daraus könnte man schließen, was auch in Ihnen ruht:

Welche Sehnsüchte, Wünsche, Themen, energetische Ausstrahlung, Kraft und Eigenschaften? Aber auch Wunden, Verletzungen, Zartheit?

Sie haben Ihr Pferd selbst gewählt, aktiv, bewusst oder unbewusst.

Möglicherweise hat auch der »Zufall« sie beide zueinander geführt. Doch darin steckt eine interessante, tiefere Wahrheit.

Der Seelenplan

Was ist Ihr Seelenplan? Wo liegen Ihre Interessen und Begabungen? Ist Ihr Pferd dazu da, dass Sie Ihre Seele in der gemeinsamen Zeit mit ihm einfach mal baumeln lassen können? Doch genauso gut ist es möglich, dass Sie mit Ihrem Pferd etwas ganz Besonderes ausdrücken möchten. Etwas, was tief in Ihnen verborgen liegt, ein Gefühl, eine Stimmung oder eine Idee. Etwas Verschleiertes, das Sie verstandesmäßig kaum formulieren können – eine Botschaft Ihrer Seele eben. Vielleicht sind Sie auch schon auf dem richtigen Weg und tun genau das, was Sie immer tun wollten, und Pferde begleiten Sie dabei. Wie weiß man, ob man wirklich den Weg seiner Seele geht? Die Antwort ist erst mal ganz leicht: Sie können sicher sein, dass Sie Ihrem Seelenplan folgen, wenn Sie bei dem, was Sie tun, absolut ohne Zweifel und aus vollem Herzen glücklich sind!

ÜBUNG: Der eigenen Seele lauschen

Wenn ich Sie jetzt bitten würde, Ihre Hand spontan auf die Stelle zu legen, wo Ihre Seele ruht, würden Sie wahrscheinlich die Hand auf das Herz legen, nicht wahr? Seele und Herz sind eng miteinander verbunden. Wollen Sie Ihrer Seele nachspüren, hören Sie auf Ihr Herz.

Ich erwähnte bereits, dass die Seele Botschaften in Form von Bildern, Symbolen oder Träumen vermittelt. Möchten Sie sich selbst Ihrer Seele einmal ganz bewusst werden, so setzen Sie sich still an einen ruhigen, geschützten Ort. Stellen Sie sich vor, wie Ihre Füße und Ihre Wirbelsäule fest mit der Erde verbunden sind. Nun schauen Sie Ihre Seele, ausgehend vom Herzen als strahlende Lichtkugel um sich herum, an. Sehen Sie ihre Schönheit.

Wie groß ist Ihre Seele? Spüren Sie dem nach. Spüren Sie auch ihre Kraft und ihren Willen zu diesem Leben. Wie fest ist die Seele mit Ihrem Körper verbunden? Sagt sie »Ja« zu diesem Leben?
Atmen Sie das Licht Ihrer Seele in Ihren Kopf, von dort aus in Ihr Herzzentrum und schließlich weiter in den ganzen Körper. Nun sind Sie fester mit Ihrer Seele verbunden. Fragen Sie sich, ob Sie das Leben führen, das Ihre Seele führen will. Fragen Sie, was anders sein soll. Was zu verändern ist. Spüren Sie die Wünsche Ihrer Seele. Worin will sie sich ausdrücken?

Und nun gehen Sie auf die Pferde ein. Fragen Sie Ihre Seele, was immer Sie in Bezug auf Ihr Leben mit den Pferden wissen wollen. Spüren Sie dann Ihrer Seele noch eine Weile ganz in Ruhe nach. Nehmen Sie die Gefühle wahr, die durch den Kontakt mit Ihrer Seele bei Ihnen ausgelöst wurden. Werten Sie die Gefühle nicht. Versuchen Sie, sich den Gefühlen auf liebevolle Weise hinzugeben und sie zu genießen, selbst wenn Ihnen diese neu sein sollten. Haben Sie keine Angst davor. Sie sind sich selbst gerade unglaublich nahegekommen.

Was für Botschaften Ihrer Seele Sie auch immer gespürt haben, gehen Sie Ihr Leben an.

Es wartet auf Sie!

Dein Pferd – Spiegel deiner Seele

Pferde sind Herzöffner. Sie berühren unsere Seele auf eine tief greifende, direkte Art, der wir uns nicht entziehen können. Sie fordern unsere ganze Präsenz, unsere Authentizität, unsere Liebe, unsere Schattenseiten – die gesamte Palette unseres Seins. Sie zeigen uns, woran wir noch zu arbeiten haben, damit wir weiter wachsen, uns entwickeln und zu dem Menschen werden, der wir wirklich sind. Für mich sind Pferde Lebenslehrer, die besten, die man kriegen kann. Andere haben Gurus, ich habe meine Pferde, behaupte ich gerne. Und das nicht nur im Scherz. Pferde haben mich in meine Kraft gebracht, zu meinen Lebensaufgaben, zu meiner Liebe, zur Heilung meines Herzens, meiner Schattenanteile, meiner Ängste. Und sie hören nicht auf damit, mich voranzutreiben, langsam, aber stetig, immer in dem Tempo, in dem ich bereit bin, mich zu entwickeln und neue Erkenntnisse zu integrieren.

Ja, Pferde können uns auf unseren spirituellen Weg bringen und begleiten, und das innige Zusammensein mit ihnen ist nicht selten ein berührendes spirituelles Erleben. Wenn man Spiritualität als ein absichtsloses Offensein für die bedingungslose Liebe, die achtsame energetische Verbindung und Kommunikation mit der Schöpfung versteht, in diesem Fall mit einem Teil der Schöpfung: dem Pferd.

Und ja, Pferde spiegeln Menschen. Sie sind der Spiegel unserer Seele – unseres Selbst.

»Wie intensiv, wie weitreichend spiegeln die Pferde uns, unser Sein, unsere Seele?«, werde ich häufig gefragt.

Wird das Pferd atemlos, erkrankt es an der Lunge, den Bronchien, dem Herzen, der Seele, weil wir selbst an unseren Gefühlen zu ersticken drohen? Weil wir unsere mehr oder minder großen seelischen Päckchen mit durchs Leben schleppen und diese einfach nicht heilen können? Wird das Pferd stellvertretend für uns krank?

Oder hat unser Pferdegefährte selbst eine ähnliche seelische Verletzung erlitten, hat eine vergleichbare Krankheitsdisposition, einen uns vertrauten Schattenanteil tief in sich, und wir haben ihn unbewusst oder vielleicht auch bewusst »erkannt«, als wir das Pferd für uns wählten? Weil wir lieber das Pferd anstelle unseres Selbst heilen wollen. Weil es uns leichter fällt, die Schatten bei einem Pferdegegenüber wahrzunehmen, damit verständnisvoll umzugehen, sie zu lieben und zu heilen – anstatt bei uns.

Die Wahrscheinlichkeit ist groß ... für beides: dass das Pferd uns eine energetische, emotionale Belastung abnimmt, weil wir mit ihm im symbiotischen Austausch stehen, weil es uns auf spirituelle, für uns nicht wirklich zu verstehende Weise helfen will und weil es durch die Nähe zu uns vielleicht keine andere Möglichkeit hat.

Oder dass es ein ähnliches Muster, eine ähnliche Verletzung oder schmerzhafte frühe Erfahrung bereits in sich barg, als wir es zu uns nahmen. Etwas, das wir erkannten, das uns berührte, zu dem wir uns hingezogen fühlten, das wir sofort liebten und unter Umständen nun heilen müssen – bei uns.
Ich glaube fest daran: Wenn wir eine intensive, innige Beziehung zu unserem Pferd haben, dann wird es uns unsere Seelenanteile spiegeln. All die wunderbaren Seiten in uns. Aber genauso beharrlich wird es uns unsere seelische Schwere spiegeln, Stimmungen übernehmen und auf unsere Bewegungsunfähigkeit oder Rastlosigkeit hindeuten, durch Verhalten, Krankheit, Unfälle, auffällige Situationen, ein Insichgekehrtsein, Depression ...

Dabei sollte man aber immer den gewichtigen Aspekt mit hinzuziehen, dass das Pferd ebenfalls seinen eigenen Seelenplan, seine Biographie und seine Erfahrungen hat, die es prägen. Und so schließt sich wieder der Kreis mit der Frage, wieso wir ausgerechnet dieses Pferd für uns aussuchten.

Bei all dem möchte ich ausdrücklich darauf hinweisen, dass nicht jede Lahmheit, jeder Husten des Pferdes etwas mit uns zu tun hat. Aber es lohnt sich immer auch ein eingehender Blick auf die Zusammenhänge zwischen unserem derzeitigen Istzustand im Leben und dem, was unser Pferd möglicherweise gerade anzeigt. Ich bin mir sicher, Sie erkennen selbst, wann eine solch eingehende Betrachtungsweise gegeben sein könnte.

ÜBUNG: Unsere Wunden im Spiegel des Pferdes erkennen

Welches Problem plagt Ihr Pferd: eine Herzerkrankung, Schwierigkeiten mit der Atmung, ein Beckenschiefstand, Nackenprobleme, eine auffällige Verhaltensweise, eine Autoimmunerkrankung, ein soziales Problem ...?

Überlegen Sie nun, wo Sie dieses Thema vielleicht in sich selbst finden könnten oder was sich in Ihrem Lebensprozess möglicherweise verändert hat, einige Zeit, bevor es bei Ihrem Pferd mit den Auffälligkeiten begann.

Was würde sich in Ihrem Leben und in dem Ihres Pferdes verändern, wenn Sie dieses Thema bei sich angehen und heilen?

ÜBUNG: Unsere Schatten im Spiegel des Pferdes erkennen

Was lieben Sie an Ihrem Pferd?
Und was absolut nicht?

Fragen Sie sich nun selbst:
Was lieben Sie an sich? Und was nicht?
Was sind Ihre verletzlichen Schattenanteile, die Sie ungern anschauen und fühlen, am liebsten negieren und abschütteln möchten?

Diese gilt es zu integrieren, zu wertschätzen, zu achten, zu lieben und damit zu heilen. Das ist ein sehr tief greifender Prozess, der Ihr Leben und Ihre Beziehungen positiv verändern wird.

Ich bin mir sicher, Ihr Pferd ist mehr als einverstanden, wenn Sie den Schritt wagen, sich auf den Weg zu machen zu Ihrem wahren, authentischen Sein. Zu Ihrer Liebe, Ihrem Ausdruck der Seele, der Kraft, die in Ihnen schlummert.
Dann heilen Sie nicht nur sich selbst, sondern auch alles, womit Ihre Energie, Ihre Seele Kontakt hat – unter vielem anderen letztendlich Ihr Pferd.

ÜBUNG: Unsere Seele im Spiegel des Pferdes erkennen

Wenn das Pferd Ihnen Ihre Seele spiegelt, was bewegt Sie, was schwingt in Ihnen, worauf Ihr Pferd Sie vielleicht gerade unermüdlich hinweist (und weshalb Sie sich von diesem Buch überhaupt angesprochen fühlten)?

Oder noch etwas anders formuliert:
In welchem (seelischen) Veränderungsprozess stehen Sie gerade und was spiegelt Ihnen dazu Ihr Pferd?

Ich wünsche Ihnen den Mut und die Offenheit sich selbst gegenüber, einen ehrlichen, schonungslosen Blick auf die eigenen Schatten, Wunden und Lebensprozesse, in denen Sie gerade stehen, zu werfen. Das kann zunächst wehtun, aber es wird Sie letztendlich in Ihre Kraft bringen.
Und genau das würde sich das Pferd im übertragenen Sinne wünschen – einen Menschen an seiner Seite, der in seiner Kraft ist.
So können Sie Ihrem Pferd Liebe, Freundschaft und Nähe geben, aber genauso ein starker, verlässlicher und gut einzuschätzender Mensch sein, der Schutz und Führung bietet und dem sich das Pferd gerne für seinen Weg durchs Leben anschließt.

Der Mensch und sein Energiekörper

Jetzt möchte ich auf den großen Bereich der Energie näher eingehen. Sie sind bereits mit Ihrem Energiekörper auf schamanische Art zu Ihrem Krafttier gereist. Sie wissen, dass Gefühle reine Energieschwingungen sind und Pferde diese genauestens lesen können und entsprechend darauf reagieren. Sie haben bereits einiges über Führung, Selbstbewusstsein und Ausstrahlung gelesen, die ebenfalls Formen von Energie sind, und vor allem über die energetische Verbindung zwischen Mensch und Pferd beim Reiten. Lassen Sie uns nun diese energetische Verbindung gemeinsam noch näher betrachten.

»Wie soll man seinem Pferd kontinuierlich ein kraftvolles Gegenüber sein?«, wollen Sie vielleicht wissen. »An manchen Tagen ist man einfach müde, schlapp und gereizt.« Stimmt. Das ist man, und das gehört auch dazu. Wir alle sind ständig großen Energieschwankungen unterworfen. Manchmal tankt man über mehrere Tage Energie und fühlt sich großartig, und dann verliert man Energie und fühlt sich elend. Unseren Pferden entgeht das nicht. Sie sind absolut begabte Energiespürer. Wir Menschen übrigens auch. Sie sind zum Beispiel mit jemandem zusammen und fühlen sich unwohl in seiner Gegenwart. Sie spüren regelrecht, wie er Sie aussaugt und müde und leer zurücklässt. Sie empfinden so, weil Sie tatsächlich Energie verlieren.

Natürlich gibt es nicht nur Menschen, die uns Energie nehmen. Andere erquicken uns auch. Da gibt es menschliche Kontakte oder Orte, von denen Sie nach einem Besuch völlig erfrischt, gestärkt oder inspiriert nach Hause fahren. Sie können all diesen Gefühlen vertrauen. Alles ist energetisch genau so geschehen, wie Sie es wahrgenommen haben. Und Sie können Ihre Wahrnehmung dahingehend sogar noch schulen. Denn manchmal kann es besser und gesünder sein, Orte oder Personen zu meiden, die Sie energetisch schwächen. Es sei denn, Sie haben die Seelenentscheidung getroffen, sich gern aussaugen zu lassen. Vielleicht, weil Sie ein hilfsbereiter Mensch sind, der, um anderen zu helfen, selbstlos über seine eigenen Grenzen hinausgeht. Fragen Sie sich in diesem Fall einmal kritisch, ob Sie nicht auch eine andere Seelenentscheidung treffen könnten. Und zwar eine, die es Ihnen erlaubt, helfend tätig zu sein, aber dennoch gut für sich selbst zu sorgen.

Bei Orten hingegen, die Ihnen guttun und Kraft spenden, lohnt sich ein regelmäßiger Besuch, um sich energetisch positiv aufzuladen. Ein guter Energiepegel wird Ihnen im Alltag und auch im Umgang mit dem Pferd sehr nützlich sein. Deswegen möchte ich Ihnen gleich Möglichkeiten aufzeigen, wie Sie Ihre Energie in schwachen Momenten stärken können, wenn Sie es denn wollen.

Zurück zu den verschiedenen Energieformen. Atem ist Lebensenergie, auch Prana genannt. Prana ist die Urkraft des Lebens, die alles durchströmt und vitalisiert. Wir müssen atmen, um zu überleben. Und durch eine bewusste Atmung können wir noch mehr erreichen. Wir können uns durch Pranaatmung aufladen wie eine Batterie. Es wurde festgestellt, dass die Aura von Menschen nach einer Pranaatmung um ein beträchtliches Maß vergrößert und gestärkt ist. Vielen ist bekannt, dass man Schmerzen wegatmen kann. Durch Heilatmung ist es sogar möglich, bestimmte leichtere Beschwerden zu lindern oder sogar zu heilen.

Es gibt viele unterschiedliche Formen der Pranaatmung. Ich möchte Ihnen hier einige sehr effektive Methoden vorstellen, die ich selbst seit Jahren anwende. Wenn Sie das Thema interessiert, empfehle ich Ihnen, sich damit noch eingehender zu beschäftigen.

ÜBUNG: Energieatmung I

Setzen Sie sich in bequemer Kleidung mit aufrechter Wirbelsäule auf einen Hocker oder Stuhl, ohne sich anzulehnen. Wenn es Ihnen lieber ist, können Sie auch stehen. Die Füße stellen Sie fest auf den Boden.

Visualisieren Sie über Ihrem Kopf eine große, sehr helle Sonne. Unglaublich kraftvolles weißgoldenes Licht geht von dieser Sonne aus. Atmen Sie tief ein, während Sie in Gedanken dabei die Sonne über Ihrem Kopf scheinen sehen.

Ohne den Atem anzuhalten, atmen Sie nun sehr langsam aus, während die Strahlen der Sonne durch Ihren Kopf in den Bereich Ihres Herzens, die Wirbelsäule hinab und von dort aus in den gesamten Körper fließen. Sie ziehen das Licht während des Ausatmens ganz bewusst in sich hinein, bis es Sie ganz erfüllt.

Wenn Sie danach erneut tief einatmen, ist auch die Sonne wieder über Ihrem Kopf. Und beim langsamen Ausatmen fließt die Energie erneut in Ihren Körper und erfüllt Sie vollständig. Machen Sie diese Atmung einige Minuten lang, am besten regelmäßig. Sie werden recht schnell ein energetisches Kribbeln in den Händen spüren. Vielleicht wird sich Ihr Körper auch sehr warm anfühlen. Wenn Sie diese Übung nach einiger Zeit beherrschen und Sie beim Eindringen des Lichtstrahls in Ihr Herz ein großes Glücksgefühl und eine tiefe, alles umfassende Liebe spüren, dann haben Sie Ihre Seelenkraft wahrlich gestärkt.

Sollten Sie sich einmal überenergetisiert fühlen und Ihnen das Unbehagen bereitet, lassen Sie die Energie einfach durch Ihre Füße bewusst in die Erde fließen, bis Sie sich wieder wohlfühlen. Seien Sie nicht überrascht, wenn sich durch Ihr neues, hohes Energieniveau plötzlich Menschen oder Tiere zu Ihnen hingezogen fühlen oder Sie auf einmal Eingebungen oder andere vorausschauende Wahrnehmungen haben. Sie haben Ihre Seele und Ihren Körper durch diese Form der Energieatmung gestärkt, und das kann Sie sehr feinfühlig machen. Betrachten Sie das als Geschenk.

Wenn Sie einen Beweis dafür benötigen, dass bei dieser Übung wirklich Energie fließt, probieren Sie sie mit einem Ihnen vertrauten Menschen aus. Atmen Sie wie beschrieben ein, und lassen Sie dann den Energiestrahl der Urkraftsonne in Ihr Haupt, Ihr Herz und dann weiter durch Ihren Arm in Ihre Hand fließen und von dort in die Hand oder eine andere Körperstelle des Ihnen vertrauten Menschen. Sie können auf diese Art auch Energie in eine bedürftige Körperstelle lenken.

Ihr Pferd wird ebenfalls die neue Kraft wahrnehmen, die von Ihnen ausgeht, und unter Umständen tief beeindruckt sein. Wenn Sie etwas Aufregendes mit Ihrem Pferd vorhaben, vielleicht eine Prüfung oder etwas in der Art, atmen Sie einige Zeit auf diese Weise. Es wird Sie beruhigen und vitalisieren.

ÜBUNG: Energieatmung II

Diese Atemtechnik bringt unglaublich viel Prana in Ihren Körper. Man kann sehr deutlich spüren, dass etwas Kraftvolles geschieht, denn man fühlt sich sehr ruhig und klar oder merkt sogar, wie sich die Aura vergrößert.

Zu Zeiten, in denen ich mich müde fühle, bringt diese Übung schnell neue Kraft in meinen Körper und meinen Geist. Allerdings ist es nicht ganz einfach, in diesem Rhythmus zu atmen, wenn man noch nicht mit Pranaatmung vertraut ist. Doch lassen Sie sich nicht entmutigen! Das lernt man schnell, und diese Übung in das Leben zu integrieren, kann sehr hilfreich sein.

Bei dieser Übung atmen Sie ausschließlich tief in Ihren Bauch hinein. Das ist für viele Menschen zunächst ungewohnt, doch üben Sie das ganz bewusst. Es wird Ihnen schon nach wenigen Malen gut gelingen, den Bauch beim Atmen leicht nach außen zu dehnen.

Setzen Sie sich aufrecht hin, und atmen Sie in dem Rhythmus sechs – vier – sechs – vier. Das heißt, atmen Sie sehr langsam in Ihren Bauch ein, während Sie bis sechs zählen, und wölben Sie Ihren Bauch dabei leicht nach außen. Dann halten Sie den Atem an, während Sie bis vier zählen, und atmen anschließend wieder langsam aus, während Sie bis sechs zählen. Nun verharren Sie im »leeren Atem« – das bedeutet, es ist keinerlei Restatemluft mehr in Ihrem Körper – und zählen dabei bis vier. Wenn Sie nun wieder bis sechs zählend einatmen, strömt eine große Menge Lebensenergie in Ihren Körper. Machen Sie diesen Atemzyklus zehn bis fünfzehn Mal. Wichtig ist der stets gleiche Rhythmus. Orientieren Sie sich während des Zählens am Sekundentakt oder an Ihrem Herzschlag.

In den Bauch einzuatmen, während man bis sechs zählt, ist für die meisten Menschen das Schwierigste an dieser Übung. Atmen Sie einfach ganz langsam ein, während sich Ihr Bauch nach außen wölbt, halten Sie den Atem, und atmen Sie dann genauso langsam wieder aus. Nach dem Verharren im leeren Atem füllt sich der Bauch bereits fast von selbst, und die Übung fällt leichter.
Noch einmal in der Zusammenfassung:

- In den Bauch atmen, dabei bis sechs zählen.
- Den Atem anhalten, dabei bis vier zählen.
- Ausatmen, dabei bis sechs zählen.
- Ohne Atemluft verharren, dabei bis vier zählen.

Sehr effektiv und schön ist es, wenn man die Übung draußen macht, wo sich sehr viel mehr Prana befindet als in Gebäuden. Doch hat mich diese Übung sogar schon erfrischt, als ich sie im Auto gemacht habe – natürlich als Beifahrerin.

Hier noch ein Hinweis: *Im Umgang mit Ihrem Pferd werden Sie Ihre große Aura und die Energie genießen können.*

Doch wenn Sie möglicherweise zurück in die Stadt müssen, vielleicht an einen stressigen Ort mit sehr vielen Menschen, kann es besser sein, die eigene Aura wieder etwas dichter an sich heranzuziehen – allein die Vorstellung, sie enger werden zu lassen, genügt. Es könnte sonst unangenehm für Sie sein, wenn Ihre weit geöffnete Aura die Energien gestresster fremder Menschen aufnimmt. Denn bedenken Sie, all diese Übungen haben Sie sehr sensibilisiert und empfindsam für Schwingungen gemacht. Das ist gut im Umgang mit Pferden, draußen in der Natur, an einem schönen Ort und oft auch für das Zusammensein mit anderen Menschen, aber eben nicht in jeder Situation. Wenn Ihre Aura dicht und gut abgegrenzt ist, können Sie besser mit Orten, Menschen und Situationen umgehen, die Sie andernfalls vielleicht auslaugen würden.

Der Mensch in der hohen Energie der Liebe

Die zweite Form der Energie, die ich Ihnen ans Herz legen möchte, ist die der Liebe. Ach, wie schwülstig, werden Sie jetzt vielleicht denken. Doch sicherlich waren auch Sie schon mal verliebt und wissen, welch ein Lebenselixier dieses Gefühl sein kann. Doch hier soll es nicht um die personengebundene Liebe gehen, sondern um die allumfassende tiefe, bedingungslose Liebe.

Die Liebe verleiht den Dingen, die Sie tun, einen Zauber – wenn Sie bereit sind, sich dafür zu öffnen. Menschen wie Tiere werden Sie lieben. Sie werden herausfinden, was Sie wirklich wollen, Sie werden alte emotionale Wunden heilen, Sie werden einen tieferen Sinn in Ihren Aufgaben entdecken. Sie werden eine Ausstrahlung haben, die Sie nicht nur glücklich macht, sondern sogar schützt.

Eine höhere Energie als die Liebe gibt es nicht. Umso schwerer ist es, darin zu verweilen. Doch es ist möglich, zu lernen, sich immer wieder für sie zu öffnen. Und nach dem Gesetz der Anziehung (Gleiches zieht Gleiches an) werden Ihnen in der Energie der bedingungslosen Liebe Menschen begegnen, mit denen Sie einen tiefen, berührenden und intensiven Austausch erleben können.

Wenn Sie bereit für eine Reise in Ihr Herz und zu sich selbst sind, wird Sie diese unter Umständen stark bewegen. Doch hält sie auch gleichzeitig eine Kraft für Sie bereit, die Sie zu einem erfüllteren Leben bringen kann.

Herzenergie

Damit Sie das, was ich hier beschreibe, besser nachvollziehen können, muss ich Sie etwas tiefer in den Bereich der Spiritualität entführen. In der Mitte unserer Brust ruht das Herz. Doch in diesem Fall meine ich nicht das Organ, sondern das Herzchakra. Ein Chakra ist ein Energiewirbel in Form eines Rades. Man unterscheidet insgesamt sieben Hauptchakren und zahlreiche Nebenchakren, die sich entlang der Wirbelsäule befinden und trichterförmig einige Zentimeter über unseren physischen Körper hinausragen. Jedes Chakra auf der Vorderseite des Körpers hat auch ein Gegenstück auf der Rückseite.

Ihre Aufgabe besteht darin, den physischen Körper und die Aura mit Lebensenergie zu versorgen. Sie haben Einfluss auf die jeweiligen körperlichen Bereiche, doch schwingen sie ebenfalls mit den geistig-emotionalen Prozessen eines jeden Menschen. Auch Pferde haben Chakren mit ähnlichen Wirkungsbereichen.

Doch an dieser Stelle wollen wir uns dem Herzchakra und seiner unermesslichen Bedeutung für den Menschen zuwenden. Das Herzchakra leuchtet in den Farben Rosa und Grün. Sie können Ihr Herzchakra sehr gut mit einer großen blühenden Rose vergleichen, denn so ähnlich wie eine Blume schließt und öffnet es sich. Seine reine Schwingung ist die bedingungslose Liebe. Es spielt in der Gruppe der Chakren die Rolle des großen Transformators. Ein aktives Herzchakra ist in der Lage, Gefühle wie Trauer oder Hass zu verarbeiten und zu transformieren.

Wenn sich das Herzchakra zu öffnen beginnt, passiert es nicht selten, dass man spontan anfängt zu weinen. Verdrängte Gefühle bahnen sich endlich ihren Weg. Ist die Trauer transformiert, fühlt sich jede Herzöffnung wie eine tiefe, weiche Berührung an. Man ist von Glück erfüllt und erkennt die Schönheit der Schöpfung in jedem Wesen. Lachen, Tränen, Glück, all das kann Sie gleichzeitig überkommen.

Bedingungslose Liebe ist die Energie mit der höchsten Schwingung. Mit geöffnetem Herzen können Sie keinen Groll gegen irgendjemanden hegen. Sie lieben einfach. Und zwar ganz ohne Unterscheidung. Wenn Sie mit einem Menschen ein Problem haben, testen Sie es einmal: Lieben Sie ihn aus Ihrer Brustmitte heraus. Derjenige wird sich Ihnen gegenüber sehr anders verhalten. Das Problem wird sich verändern, auflösen. Wenn Sie es denn wirklich wollen und nicht selbst lieber an dem Gefühl von Wut oder gar Hass festhalten. Im Umgang mit Ihrem Pferd wird diese Übung Ihnen unter Umständen eine Offenbarung sein.

Tatsächlich wirken Menschen mit offenem Herzen unwiderstehlich sympathisch. Man mag sie einfach und fühlt sich in ihrer Gegenwart wohl, sucht unbewusst ihre Nähe und fühlt sich geborgen. Pferden geht es genauso. Wenn Sie sich mit offenem Herzchakra einem Pferd nähern, wird es in der Regel seinen Kopf senken und die Stirn an Ihr Herz drücken, um so im gegenseitigen Energieaustausch zu verweilen. Das wiederum hat zur Folge, dass sich Ihr eigenes Herz noch weiter öffnet und geradezu überläuft vor Rührung und Liebe. Wenn Sie in diesem Zustand mit Ihrem Pferd die Reitbahn aufsuchen, wird es kaum einem Zuschauer verborgen bleiben, was da für eine hohe Energie zwischen Ihnen und dem Tier schwingt. Auch das Publikum wird etwas von dieser Energie abbekommen und berührt sein.

Dem sei noch hinzugefügt, dass die Hände dem Bereich des Herzchakras zugeordnet sind. Sie sind sozusagen das ausführende Organ des Herzens. Heiler arbeiten durch Handauflegen, indem sie die Heilenergie durch ihr Herz und von dort aus weiter durch ihre Hände in die kranken Körperstellen des zu Behandelnden fließen lassen. Auch manche Künstler verstehen es, ein hohes Maß an Herzenergie in ihrer Kunst umzusetzen. Und da man zum Reiten ebenfalls äußerst feine und liebevolle Hände benötigt, ist das geöffnete Herz ein Meilenstein zum harmonischen Umgang mit dem Pferd.

ÜBUNG: Freisetzung von Herzenergie

Setzen Sie sich an einen ruhigen und ungestörten Ort, die Füße fest auf dem Boden. Werden Sie ganz still, und atmen Sie einige Male bewusst ein und aus, um sich zu entspannen. Stellen Sie sich vor, dass Sie einen heiligen Raum um sich herum eröffnen, in dem Sie völlig geschützt sind. Visualisieren Sie z. B. eine große, goldene Lichtkugel um sich, die Ihre Aura ganz und gar umgibt. Diese Kugel kann auch Ihnen und Ihrem Pferd in stressigen Situationen helfen, zum Beispiel im Gelände oder in einer Prüfung. Sie schirmt negative Energien sehr gut ab.

Nun legen Sie die linke Handfläche für einige Zeit auf die Mitte Ihrer Brust. Werden Sie sich durch diese Berührung der Sensitivität dieses Bereichs bewusst. Fühlen Sie, wie empfindsam Ihr Herzchakra ist. Es wird sich nun, da Sie ihm Ihre bewusste Aufmerksamkeit schenken, öffnen wollen. Führen Sie die Hände vor Ihrem Körper zusammen, bis sich die Fingerspitzen oder Handflächen berühren.

Sagen Sie nun laut: »Ich öffne mein Herz und verbinde mich mit der bedingungslosen Liebe, der Urkraft allen Seins.« Stellen Sie sich vor, wie sich Ihr Herz weit öffnet. Fühlen Sie es, und lassen Sie die Gefühle zu, die nun kommen. Lassen Sie Tränen fließen, spüren Sie das tiefe Berührtsein. Vielleicht empfinden Sie überschäumende Freude und Kraft. Genießen Sie es! Wundern Sie sich nicht, wenn Sie plötzlich alles um sich herum lieben, die Bäume, die Vögel, den Himmel, andere Menschen, Pferde – einfach alles. Genau das ist das Ziel. Es ist nicht möglich, das eine zu lieben und das andere nicht. Allem um sich herum ein Lächeln schenken zu können – das ist bedingungslose Liebe. Lieben Sie alles um sich herum, erzeugen Sie nun dieses Gefühl aus der Mitte Ihrer Brust heraus, und geben Sie es weiter!

Wenn Ihr Herzchakra durch verletzte Gefühle blockiert sein sollte, kann es sein, dass Ihnen die Übung sehr schwerfällt und Sie zunächst zum eigenen Schutz noch nicht so sehr viel fühlen. Doch Ihr Herz wird sich Schritt für Schritt öffnen, und die Blockaden werden sich langsam auflösen, gerade so, wie es für Sie richtig ist. Geben Sie bitte nicht auf! Vielleicht haben Sie über viele Jahre hinweg einen Schutzwall um Ihr Herz herum aufbauen müssen. Seien Sie achtsam mit sich, wenn Sie nun beginnen, das Herz langsam wieder zu öffnen.

Die Übung wird Ihnen dabei helfen, alte Wunden zu heilen. Sie können mit diesem neuen Gefühl nun auf Konflikte zugehen. Senden Sie dieses Gefühl an Menschen, die Sie lieben und denen es vielleicht nicht so gut geht. Senden Sie es auch an Menschen, mit denen der Kontakt gerade schwierig ist. Sie werden erstaunt sein, wie sich Ihr Konflikt plötzlich zum Positiven verändern kann. Sagen Sie in der Meditation zum Beispiel einfach: »Ich sende die Liebe an die Beziehung zwischen mir und ...« Mit der Energie des Herzens können Sie fast alles transformieren. Schicken Sie die Liebe wohin Sie wollen und zu wem Sie wollen, und sie wird immer etwas Positives bewirken. Ich habe schon scheinbar aussichtslose Konfliktsituationen auf diese Weise ziemlich wundersam verändern können.

Senden Sie diese Liebe auch Ihrem Pferd, gehen Sie offenen Herzens zu ihm. Wenn Sie Ihr Pferd lieben, tun Sie das wahrscheinlich ohnehin, doch seien Sie sich nun dessen auch bewusst. Schauen Sie Ihr Pferd an, und sehen Sie seine Schönheit. Versuchen Sie, während der gesamten Zeit, die Sie mit ihm verbringen, Ihr Herz offenzuhalten. Die Verbindung, die dadurch entsteht, wird Sie sehr bewegen.

Diese Übung hilft normalerweise auch sehr gut dabei, uns auf unser Pferd und die gemeinsame Zeit mit ihm zu konzentrieren, wenn wir aus einer stressigen Alltagssituation kommen und nicht so recht in der Lage sind, ab- und umzuschalten.

Durch eine kurze Besinnung auf das Herz werden Sie sich rasch auf sich selbst und auf Ihr Pferd konzentrieren können. Sicher wird es immer wieder Tage geben, an denen Ihnen das nicht so gut gelingt. Kümmern Sie sich nicht darum, sondern versuchen Sie es beim nächsten Mal erneut. Es werden langfristig große Veränderungen zwischen Ihnen und Ihrem Pferd stattfinden, die auch anderen Menschen nicht verborgen bleiben werden. Vielleicht wird man Sie sogar fragen: »Was ist eigentlich das Geheimnis eurer Beziehung?«

ÜBUNG: Sich mit der Urkraft Liebe füllen

Diese Übung ist noch ein wenig leichter als die vorangegangene. Man kann sie zu jeder Zeit machen, wenn man gern im Zustand des absoluten Friedens und Glücks verweilen möchte, im Sitzen, beim Gehen, beim Reiten, beim Fahrradfahren ... Sie ist in jedem Moment hilfreich, auch wenn sie nur kurz praktiziert wird. Beim Reiten vollbringt sie etwas sehr Wertvolles, denn sie hüllt Pferd und Mensch in eine gemeinsame Energie und erhöht die Verbindungsschwingung, die Harmonie zwischen den beiden. Außerdem kann diese Übung Licht in Ihr Gemüt bringen.

Und so geht's:

Zunächst lächeln Sie! Lächeln Sie, auch wenn die Mundwinkel lieber der Erdanziehungskraft folgen möchten. Lächeln entspannt sämtliche Gesichtsmuskeln in kurzer Zeit und bringt wieder Frieden und Wohlgefühl in Ihren Körper. Auch wenn Sie aus irgendwelchen schrecklichen Gründen Ihr Lachen verloren haben sollten, fangen Sie in diesem Moment damit an, es wiederzufinden.

Nun atmen Sie zu diesem Lächeln. Atmen Sie Liebe ein. Stellen Sie sich vor und spüren Sie, wie mit jedem Atemzug Liebe in Ihre Lunge, in Ihr Herz und in Ihren Körper strömt. Atmen Sie unermüdlich und mit einem Lächeln im Gesicht Liebe in jede Ihrer Zellen. Fühlen Sie, ob es Stellen gibt, die besonders viel dieser heilenden Energie benötigen. Lassen Sie den Atem der Liebe einfach dorthin strömen. Atmen Sie, und bewahren Sie dabei das leise Lächeln. Spüren Sie, wie sich Ihr Herz weitet, wie Sie Freude empfinden, wie Sie alles anrührt.

Genießen und fühlen Sie auch, wie Ihr Pferd in Ihre Energie eintaucht und sich voller Freude darin bewegt. Reiten Sie Ihr Pferd in dieser Energie, und nehmen Sie wahr, wie Großes zwischen Ihnen beiden passiert.

Vor oder während einer Prüfung oder eines Auftritts mit Ihrem Pferd praktiziert, wird diese Energie Sie sicher hindurchgeleiten.

Erdung

Pferde sind bodennahe Tiere, auch im energetischen Sinne. Ihr Element ist die Erde. Sie ernähren sich von am Boden wachsenden Gräsern, graben schmackhafte Wurzeln aus, fressen Blätter von gut verwurzelten Bäumen und kauen nicht selten sogar Erde. Sie stehen mit allen vier Hufen fest auf dem Boden und bringen diesen im schnellen Galopp zum Beben. Sie besitzen ein ausgeprägtes Gespür für die energetischen Prozesse in der Erdatmosphäre, sind wetterfühlig und lassen sich so schnell nicht umwerfen. Kurz gesagt: Sie pflegen ein gutes Verhältnis zu Mutter Erde.

Ganz anders dagegen die meisten Menschen: Wir arbeiten in klimatisierten Gebäuden und rasen mit dem Auto oder Fahrrad durch die Gegend, weil uns kaum Zeit bleibt, zu Fuß zu gehen. Wir sind ständig gedanklich gefordert, was alle Energie in den Kopf zieht, und fühlen uns am Ende häufig von uns selbst entfremdet. Kennen Sie das Gefühl, nur noch zu funktionieren, ohne wirklich in Kontakt mit Ihrem wahren Ich zu sein? Sie fühlen sich manchmal fahrig und nervös, Ihre Nerven sind hauchdünn, und vielleicht reagieren Sie sogar ängstlich auf alles Mögliche?

Stellen Sie sich vor, Sie gehen so zu Ihrem Pferd, das vor Kraft strotzend auf seiner Weide steht und sich auf mögliche Abenteuer mit Ihnen freut. Sehen wir das ganze mal mit einem Augenzwinkern aus seiner Sicht: Ihr Pferd wird Sie anschauen und ein abwesendes, flatterhaftes Wesen in Ihnen erkennen. Es wird denken: »Meine Güte, du bist ja in einem jämmerlichen Zustand.

Mit dir kann ich nichts anfangen.« Wenn Ihr Pferd brav und höflich ist, wird es Ihnen nicht aus dem Weg gehen, sondern Sie besorgt, aber kräftig anstupsen, um Ihre Standfestigkeit zu überprüfen, beziehungsweise Sie auf diesen Mangel hinzuweisen. Manch ein keckeres Pferd wird sich sogar einen Spaß daraus machen und es lustig finden, Sie vor sich her zu schubsen, wie es ranghohe Tiere mit niedriger gestellten Herdengenossen tun oder Leitstuten mit Jungspunden. Seien wir ehrlich: Eine vertrauenswürdige Führungskraft wird das Pferd nicht in Ihnen entdecken. Stattdessen wird es ganz schnell entscheiden, dass es besser ist, selbst die Leitung in Ihrem Zweierteam zu übernehmen. Sie sind dann das Anhängsel, ein kraftloses Herdenmitglied, das zusehen muss, wie es hinterherkommt. Manchen Menschen ist das manchmal vielleicht sogar ganz recht. Schließlich will man sich ja bei seinem Pferd entspannen und nicht noch Großes leisten müssen. Doch leider sind Pferde nicht so sozial veranlagt, dass sie am nächsten Tag, wenn Sie wieder voller Tatendrang in den Stall kommen, denken: »Gut, gestern hatte ich das Sagen, aber heute darfst du wieder anführen.« Vielmehr ist das Vertrauen Ihnen gegenüber dann leider wieder ein bisschen kleiner geworden. Nicht jeder Mensch mag es, die Führungsrolle zu übernehmen und Sicherheit für andere ausstrahlen zu müssen. Manche ordnen sich lieber irgendwo im Mittelfeld ein. Doch im Umgang mit dem Pferd ist diese Rolle schwierig. Es liebt klare Positionen. Und wenn Sie nicht wollen, dann übernimmt eben das Pferd die Führung. Nur ist das leider nicht ganz ungefährlich.

Doch zurück zum Thema: In dem eben beschriebenen Energiezustand fehlt uns die Erdung oder auch Erdenergie. Vor lauter Kopfarbeit und gedanklichem In-die-Zukunft-Schweifen dürfen wir unsere Bindung an das Hier und Jetzt nicht vergessen. Denn im Grunde sind wir Menschen – genau wie die Pferde – dem Element Erde stark verbunden. Naturvölker leben im Gegensatz zu uns Westeuropäern häufig noch in einem achtsamen und liebevollen Energieaustausch mit der Erde. Sie bezeichnen sie als Mutter und glauben, dass sie genauso beseelt ist wie alle Wesen, die auf ihr leben. Und da wir ja alle aus »Erde« geschaffen sind und eine Seele haben, ist es doch eigentlich nur logisch, dass unser Planet ebenfalls beseelt und mit einem Bewusstsein ausgestattet ist. Wenn man diese Gedanken näher an sich heranlässt, bekommt man ein ganz anderes Verhältnis zur Erde …

Wer täglich in der Natur spazieren geht oder sogar arbeitet, ist in der Regel gut geerdet. Gerade Pferdemenschen haben häufig eine sehr starke Erdverbindung. Manch einer hat sich vielleicht ein Pferd angeschafft, um mehr draußen in der Natur zu sein. Dennoch gibt es leider diese Momente, in denen uns die Verbindung abhanden kommt und wir ängstlich reagieren und geradezu »neben uns stehen« oder »außer uns sind«. Dann können einige bewusste Übungen zur Erdung helfen, wieder ins Gleichgewicht zu kommen und energetisch ähnlich standfest zu werden wie unser Pferd.

Erdung hilft, wenn Sie im Umgang mit Ihrem Pferd nervös werden, wenn Sie Angst vor seinen Reaktionen haben, wenn Sie vor einer Prüfung unruhig sind, schlichtweg: wenn Sie kurz davor sind, völlig die Nerven zu verlieren. Erdenergie kann Sie schnell beruhigen und zu dem gern zitierten »Fels in der Brandung« werden lassen. Und Pferde lieben standfeste Persönlichkeiten, die in scheinbar furchterregenden Momenten gelassen da stehen, mehr als solche, deren Gehirn durch unaufhaltsam kreisende Gedanken auf Hochtouren läuft.

ÜBUNGEN zur Erdung

Stellen Sie sich fest auf die Erde, und visualisieren Sie, wie Sie beim Einatmen die Energie tief aus dem Erdkern durch Ihre Fußsohlen (Fußchakren) in Ihren Körper ziehen. Am besten machen Sie die Übung barfuß und draußen, denn Schuhe verhindern einen Teil der Energieaufnahme. Stellen Sie sich vor, dass aus Ihren Füßen Wurzeln tief bis in die Erde reichen. Fühlen Sie, wie die Energie in Sie einströmt.

Vielleicht hilft es Ihnen auch, sich die Energie farblich vorzustellen. Ich sehe das Licht der Erdenergie meistens in einem satt leuchtenden Rot meinen Körper herauffließen, manchmal ist es auch goldfarben. Seien Sie wie ein Baum, der sich über die Wurzeln ernährt und mit Energie versorgt. Genauso können Sie aber auch schlechte Energie aus sich heraus in den Boden leiten.

Auch ich bin einmal in einer Situation furchtbar ängstlich gewesen. Doch zwei tiefe Atemzüge die Wirbelsäule hinauf genügten, um die Energie aus der Erde in mich aufzunehmen und mich wieder zu beruhigen. Wenn ich einige Stunden am PC gesessen habe, um an einem Buch zu schreiben, bin ich hinterher häufig ein energieleeres Wesen und »nicht mehr ganz von dieser Welt«, weil nur mein Kopf auf Hochtouren gearbeitet und alle Energie in sich gesammelt hat.

Dann muss ich mich erden. Ich atme neue Energie ganz bewusst durch meine Füße und mein Wurzelchakra und bin dann wieder in der Lage, mich in den Alltag zu stürzen.

Achten Sie darauf, dass Sie im Grunde ständig eine gute Verbindung mit der Erdseele beibehalten. Gerade wenn man viel mit Energien zu tun hat oder sogar mit ihnen arbeitet, ist eine gute Erdung unerlässlich. Wann immer Sie das Gefühl haben, Ihre Energie ist nur noch in Ihrem Kopf oder bereits außerhalb von Ihnen, wenn Sie zittrig, fahrig oder ängstlich sind, erden Sie sich, atmen Sie Erdenergie ein, und bedanken Sie sich anschließend liebevoll bei der Erdseele für die Hilfe.

Den Energiekörper von Pferd und Mensch fühlen

Nachdem Sie nun viele Übungen kennengelernt haben, die darauf zielen, den Energie- und auch den physischen Körper zu stärken, haben Sie vielleicht Lust, sich einmal davon zu überzeugen, dass es Energiekörper auch wirklich gibt. Strecken Sie dazu Ihre Arme weit aus, und führen Sie dann Ihre Handflächen vor dem Körper ganz langsam zusammen. Irgendwann werden Sie einen leichten Widerstand spüren. Es fühlt sich so zart an, als würde man eine Seifenblase berühren. Sie haben soeben eine Schicht Ihrer Aura gefühlt! Nun können Sie anfangen, die Energiekörper Ihrer engsten Freunde oder Familienmitglieder zu erspüren. Sie werden überrascht sein, wie unterschiedlich sich Auren anfühlen. Wenn Sie einigermaßen damit vertraut sind, wird es Ihnen auch möglich sein, die Aura Ihres Pferdes zu ertasten. Vielleicht geht Ihre Sensibilität sogar so weit, dass Sie spüren, wann sich der Rand des

Energiekörpers Ihres Pferdes und Ihr eigener berühren. Und was geschieht, wenn Sie dann ganz bewusst in seinen »eintreten«.

Es ist spannend, herauszufinden, wie weit unser eigentlicher Körper reicht und wann und wodurch unsere Energie geschwächt wird. Das ist nicht nur für den Umgang mit dem Pferd interessant, sondern auch für Alltagssituationen mit anderen Menschen. Es wird Ihnen dabei helfen, ein Gespür für Ihre eigene Aura zu entwickeln.

Ich habe lange gebraucht, um herauszufinden, wieso mein Pony Jaspar manchmal zunächst ganz angetan auf mich zuschritt und dann aber plötzlich in einem gewissen Abstand stehen blieb und mich eindringlich anschaute oder mit dem Kopf nickte, wenn ich ihn rief. So, als würde ihn etwas daran hindern, zu mir zu kommen. Irgendwann wurde mir dann bewusst, dass Jaspar ganz einfach ein höfliches Pferd ist, das nicht ungefragt in meinen Raum, in meinen Energiekörper eintritt, sondern darauf wartet, dass ich ihm die Erlaubnis dazu gebe beziehungsweise dass ich als Ranghöhere in seinen Raum eintrete. Ganz normales Herdenverhalten also. Meine Stute Emmi hingegen hält nicht viel davon, den Raum anderer zu respektieren. Das Ergebnis sind Bisswunden, die ihr andere Herdenmitglieder von Zeit zu Zeit zufügen, um sie zu ermahnen.

Jaspar möchte gern zu mir kommen, ist sich aber unsicher, ob er wirklich in meinen Energieraum eintreten darf.

Energetische Kommunikation zwischen Mensch und Pferd

Gehen Sie davon aus, dass das Pferd jedes Ihrer Worte und auch Ihre Gedanken versteht. Sie brauchen nicht unbedingt daran zu glauben, aber testen Sie diese These bitte mal eine Zeit lang. Es wird Sie erstaunen, was sich zwischen Ihnen und Ihrem Pferd verändert.

Gedanken sind messbare Energie, Worte als ausgesprochene Gedanken haben sogar noch mehr Kraft. Und da unsere Gedanken und Worte durch Gefühle in ihrer Wirkung verstärkt werden, ist es ein Leichtes für den Energie- und Emotionsexperten Pferd, uns zu verstehen.

Jedes lebende Wesen hat einen Energiekörper, der den physischen Körper umgibt. Je nach Stärke, persönlicher Entwicklung und Gesundheitszustand reicht der Energiekörper bzw. die Aura des Menschen mehrere Meter über den sichtbaren Körper hinaus. Gedanken, Emotionen und Krankheiten finden sich in der Aura wieder und können diese zeitweilig verändern.

Pferde haben ein gutes Gespür für die Aura. Das ist überlebenswichtig, ermöglicht es ihnen doch, Freund und Feind zu unterscheiden. Wenn eine Pferdeherde flieht, achtet dabei jedes Tier genauestens den Raum und die Energie der anderen Pferde, sonst würden sie heillos in der davonstiebenden Menge übereinanderstolpern und stürzen. Das Pferd kann die Grenzen fremder Auren spüren und diese meiden oder auch ganz bewusst in sie eintreten und so zum Energieaustausch auffordern. Es spürt die menschlichen Emotionen sowie die Gedanken und Worte, die in Form von Energie bei ihm ankommen.

Überlegen Sie einmal, wie oft Sie mit jemandem über Ihr Pferd sprechen, und wie oft Sie mit Ihrem Pferd reden. Überprüfen Sie Ihre Gedanken und Worte im Umgang mit Ihrem Pferd. Wie begrüßen und verabschieden Sie sich von ihm? Sind Sie wirklich in Kontakt mit ihm, wenn Sie es besuchen, oder sind Sie gedanklich ganz woanders, hören Musik und reden mit Ihren Stallkollegen, während Sie Ihr Pferd striegeln oder reiten? Wenn Sie keinen wirklich intensiven Kontakt zu Ihrem Pferd aufnehmen oder zulassen, wird auch das Pferd im Umgang mit Ihnen gedanklich abschalten. Es ist dann genauso wenig bei Ihnen wie Sie bei ihm. Wahre Kommunikation und harmonisches Verschmelzen sind so nicht möglich. Genau genommen ist solch ein Umgang sogar unhöflich. Stellen Sie sich einmal vor, Sie würden mit einem Ihnen nahestehenden Menschen so umgehen. Der würde sich doch sicher sehr darüber beschweren, weil er sich weder gesehen und wertgeschätzt noch geliebt oder angenommen fühlen würde.

Versuchen Sie es doch einmal anders! Es könnte Sie verblüffen, was dann zwischen Ihnen und Ihrem Pferd geschieht. Mein Vorschlag sieht folgendermaßen aus: Gehen Sie wie gewohnt zu Ihrem Pferd, doch achten Sie diesmal darauf, dass Sie allein sind. Wenn Sie Ihr Pferd auf dem Paddock oder in der Box stehen sehen, halten Sie kurz inne. Ihr Pferd wird Sie anschauen. Lächeln Sie, und fühlen Sie die Liebe als eine Energieverbindung zwischen Ihnen und Ihrem Pferd. Sie können diese Verbindung auch ganz bewusst knüpfen, indem Sie sich vorstellen, wie aus Ihrem geöffneten Herzen und aus Ihrem Stirnchakra eine Verbindung zu eben jenen Punkten Ihres Pferdes entsteht. »Sehen und fühlen« Sie diese wunderbare Energie, die sie beide nun eint. Begrüßen Sie Ihr Pferd mit seinem Namen.

Doch wenn Ihr Pferd zum Beispiel Vulkan oder Black Devil heißt, geben Sie ihm einen anderen Namen. Es sei denn, Sie lieben es, auf einem Vulkan zu reiten oder ein nicht wirklich liebes Pferd zu haben. Auch Namen sind reine Energieschwingungen. Gehen Sie davon aus, dass das Pferd Sie versteht. Sagen Sie ihm, dass Sie es lieben, und fühlen Sie diese Liebe. Das können Sie gar nicht oft genug tun. Sprechen Sie aus, wie schön und klug Sie Ihr Pferd finden. Auch wenn es albern klingt, aber gerade Stuten hören das tatsächlich sehr gern. Informieren Sie Ihr Pferd kurz über die gemeinsamen Aktivitäten des Tages. Versuchen Sie herauszufinden, ob es auch Lust dazu hat. Vielleicht ist es müde oder nervlich aus irgendeinem verständlichen Grund nicht in der

Verfassung für die Umsetzung Ihrer Idee, und Sie beide müssen etwas ganz anderes zusammen unternehmen. Bitten Sie Ihr Pferd darum, einen guten Job zu machen, auch wenn Sie möglicherweise etwas Größeres vorhaben, eine Therapiestunde oder sogar ein Turnier. Achten und schätzen Sie seine Mitarbeit. Sagen Sie ihm einfach alles, was Sie in bestimmten Momenten von ihm erwarten. Wenn es herumhampelt, sagen Sie ihm, es soll ruhig stehen bleiben. Aber sagen sie es in einer klug gewählten, knapp formulierten und bildhaften Sprache, von der Sie glauben, dass das Pferd sie auch verstehen kann. Sagen Sie zum Beispiel nicht »Sei nicht so unruhig«, sondern »Entspanne dich, ich passe schon auf dich auf«, denn Ihre eigenen Worte wirken sich natürlich auf Ihre eigene Energieausstrahlung aus. Wenn Sie die beiden Beispielsätze einmal laut aussprechen, werden Sie den Unterschied spüren. Auch nutzt es wenig, zu sagen »Hampel nicht herum«, sondern lieber »Lasse deine vier Hufe still auf dem Boden stehen.« Wenn Ihr Pferd den Gurtdruck nicht erträgt, seien Sie vorsichtig, und erklären Sie ihm, dass Sie es ganz sanft und rücksichtsvoll gurten werden, damit es entspannt bleiben kann.

Vor dem Reiten lassen Sie außerdem ein Verbindungsritual einfließen. Legen Sie Ihre Hand auf die Stirn des Pferdes, und reiben Sie diese sanft. Vielleicht wird es nun seine Stirn an Ihre Brust, an Ihr Herz legen wollen, um den Kontakt noch zu vertiefen. Spätestens jetzt wird Ihr Herz weit aufgehen, und Sie werden eine starke, liebevolle Verbindung zu Ihrem Pferd spüren. Versuchen Sie, während der gesamten Reitzeit diese wunderbare Energie zwischen Ihnen und dem Tier aufrechtzuerhalten. Steigen Sie von einer Aufstieghilfe aus sanft auf seinen Rücken. **Lächeln Sie, atmen Sie Liebe.**

Hüllen Sie sich und Ihr Pferd in eine gemeinsame Energie. Im Grunde entsteht diese Verbindung ganz von selbst, wenn Sie auf Ihrem Pferd sitzen und lächelnd Ihr Herz öffnen. Und das Schöne ist, wenn Sie Ihr Herz öffnen, öffnet sich auch Ihr Geist. Und das wird Ihre Reitkunst verbessern. Visualisieren Sie eine goldene Lichtkugel um sich herum, wenn Ihr Pferd häufig ängstlich reagiert und sich leicht ablenken lässt. Während der Reitzeit erklären Sie ihm leise jede neu gestellte Aufgabe. Das hilft ungemein. Denn es erzeugt in Ihrem Kopf ein unmissverständliches inneres Bild. Und Sie selbst haben eine klare, gut geplante Idee von Ihrer Reiteinheit.

Und das ist wichtig, denn wenn man während einer Reitstunde mal dieses und mal jenes denkt, sendet man entsprechend widersprüchliche Signale an sein Pferd. Sagen Sie Ihrem Pferd: »Jetzt traben wir an. In der Ecke machen wir eine Volte. Jetzt gehen wir Schritt. Nun ein Schulterherein, Travers, wieder Schulterherein. Brav, wunderbar gemacht!« Freuen Sie sich aufrichtig über jede noch so kleine gelungene Sache. Sie werden überrascht sein, wie sehr Ihr Pferd sich bemüht, Ihre Gedanken und inneren Bilder zu empfangen, vor allem, wenn Sie einen wirklich guten und liebevoll achtsamen Umgang mit Ihrem Pferd pflegen. In der Regel strebt auch das Pferd diese Harmonie mit Ihnen an. Es möchte von Natur aus alles richtig machen, in seiner Herde und bei seinen Artgenossen. Und in diesem Fall sind Sie seine Herde!

Wenn Ihr Pferd die noch so kleine Übung oder auch nur die Ansätze dessen, was es neu erlernen soll, richtig gemacht hat, brechen Sie in wahre Begeisterung aus. Freuen Sie sich aufrichtig, und loben Sie Ihr Pferd. Sie werden sich wundern, wie motiviert das Pferd auf Ihre Freude reagieren wird. Und es wird sich bemühen, diese Gefühlsregung bei Ihnen möglichst bald wieder zu erzeugen. Denn Pferde lieben es, wenn sich ihre Menschen in jener für sie äußerst angenehmen und sicheren Energie befinden.

Am Ende der Reitzeit steigen Sie ab, und bedanken sich bei Ihrem Pferd für die Mitarbeit, fürs Tragen, für die wundervolle gemeinsame Zeit. Sagen Sie Ihrem Pferd am Ende des Tages, wann Sie wiederkommen werden.

Wenn Sie diese Art des Reitens zur Gewohnheit werden lassen, werden Sie schon bald eine große Harmonie zwischen Ihnen und Ihrem Pferd feststellen. Frühere Probleme können sich auflösen, Sie werden mehr und mehr in Ihrem gemeinsamen Spiel zusammenwachsen. Denn nichts anderes sollte das Reiten sein: nur ein gemeinsames Spiel zweier sehr unterschiedlicher Wesen. Es gibt viele verschiedene Reitweisen und -stile, doch das Wichtigste sind Konzentration, Wille und Herz. So folgt das Pferd der Energie Ihrer Konzentration und Ihres Willens. Der eigene Wille jedoch sollte unter dem Einfluss der Energie des Herzens stehen. Ebenso sollte Ihr Geist lernbereit und offen bezüglich der Kenntnisse der Reitlehre sein.

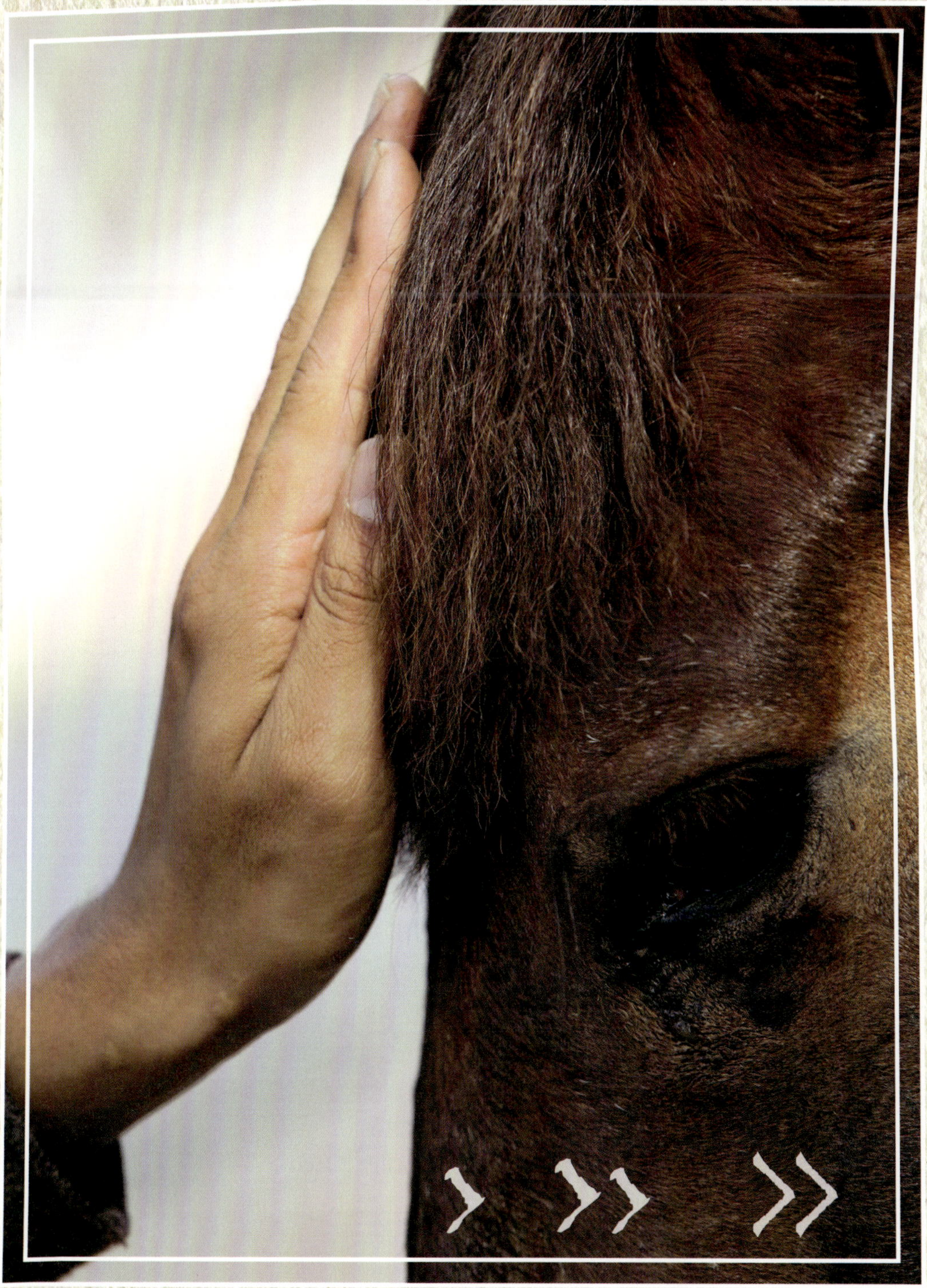

Steht etwas zwischen Ihnen und Ihrem Pferd?

Da die Verbindung zwischen Mensch und Pferd nichts anderes als eine Beziehung ist und es bekanntermaßen in jeder Beziehung zu Missverständnissen, Projektionen sowie unausgesprochenen und verdrängten Gefühlen kommen kann, sollten Sie sich einmal die Frage stellen: Steht etwas zwischen mir und meinem Pferd? Und wenn ja, was?

Nehmen Sie sich die Zeit, einmal ganz ehrlich darüber nachzudenken, ob Sie Ihrem Pferd gegenüber Gefühle hegen, die vielleicht Ihre Beziehung zueinander trüben. Gibt es etwas, was Sie nicht loslassen können? Gab es Ereignisse oder sogar traumatische Erlebnisse im Umgang mit Ihrem Pferd, die Sie im Grunde niemals verarbeitet haben? Solche Dinge sollte man sehr ernst nehmen und keineswegs einfach darüber hinwegsehen. Wenn Sie Ihr Pferd trotzdem behalten möchten, suchen Sie sich eine erfahrene, gut ausgebildete Person, die Sie dabei unterstützt, dieses Erlebnis zu überwinden. Unverarbeitete traumatische Ereignisse werden sonst immer Ihre Beziehung stören. Ein erster wichtiger Schritt ist es, sich bewusst zu machen, dass es da etwas gibt, was zwischen Ihnen und Ihrem Pferd steht. Oft reagiert allerdings erstmal nur unser Körper. Wir kriegen in einer bestimmten Situation mit unserem Pferd Herzklopfen oder Bauchschmerzen, und es ist uns nicht klar, was die Gründe dafür sind. Es lohnt sich dann unbedingt, genauer hinzuschauen und dem eigenen Gefühl zu trauen, beziehungsweise es als eine wichtige Botschaft wahrzunehmen.

Der zweite Schritt wäre eine eigene Analyse. Wie war die Situation damals? Wie ist es dazu gekommen? Was habe ich als Reiter/-in oder Halter/-in des

Pferdes falsch gemacht? Habe ich Verständnis für die instinktive Reaktion meines Pferdes, auch wenn sie mich traumatisiert hat? Wie kann ich künftig solche Situationen vermeiden? Gab es einen äußerlichen Auslöser, dem die Schuld gegeben wird? Empfehlenswert ist es auch, die Situation mit einem Dritten zu besprechen. Beobachtungen und Einschätzungen von außen eröffnen zumeist auch neue Perspektiven.

So kommt man dem dritten Schritt näher, dem Nachdenken über eine Lösung. Und dies kann Ihnen leider niemand abnehmen. Sie kennen sich selbst und Ihr Pferd am besten. Es kann also nur eine ganz individuelle Lösung für Sie geben, die Ihre eigenen Ängste und Grenzen berücksichtigt, genau wie die Ihres Pferdes.

Viele problematische Situationen zwischen Mensch und Pferd treten schon beim Kennenlernen auf. Doch schlechte Erfahrungen miteinander zu machen, gehört ein Stück weit zum gemeinsamen Weg und wird sich nicht vermeiden lassen. Sie sollten sie lieber als Chance erkennen, die eigenen Grenzen zu erfahren – und die des Pferdes. Das führt letztendlich auch zu einem besseren Verständnis, weil der Partner Pferd nun besser eingeschätzt werden kann. Wesentlich ist, dass Sie nicht in einer Problemsituation stecken bleiben, die jede Weiterentwicklung hemmt.

Eine meiner Reitschülerinnen konnte lange Zeit nicht entspannt mit ihrem Pferd ausreiten, weil es einmal, in einer noch sehr frühen Phase des Kennenlernens, Anstalten gemacht hatte, durchzugehen. Durch dieses sehr pferdetypische Verhalten wurde sie an eine traumatische Situation erinnert, die bereits über zwanzig Jahre zurücklag: Ein fremdes Pferd war damals mit ihr im Gelände durchgegangen und zum Stall zurückgerast. Sie blieb zwar unversehrt, aber diese Erfahrung des totalen Kontrollverlustes konnte sie nie vergessen. Nun, zwanzig Jahre später, löste ihr eigenes, ihr noch nicht sehr vertrautes Pferd, mit seinem Übermut im Gelände dieses Trauma von Neuem aus. Für meine Reitschülerin war es gut, sich diese Situation wieder in das Bewusstsein zu holen, mit mir darüber zu reden und in ganz kleinen Schritten die Lösung anzugehen. Hätte sie das nicht getan, hätte ihr Körper jedes Mal mit Stress reagiert, was wiederum ihrem Pferd großes Unbehagen bereitet hätte. So wären sie beide in einer Problemspirale gelandet, aus der ein Ausstieg immer schwieriger geworden wäre. In der Lösungsphase waren es die Gefühle und Grenzen meiner Reitschülerin, die sehr fein anzeigten, wie weit sie jeweils gehen konnte. Wobei sie durchaus bereit war, den vertrauten Bereich Schritt für Schritt und immer häufiger zu verlassen, um neue Erfahrungen mit ihrem Pferd zu machen, die letztlich zu einem guten, vertrauten Miteinander führten. Selbstwahrnehmung, Körpergefühl und auch eine gute Portion Mut und Selbstbewusstsein gehören zu diesem Lösungsweg.

Das war nur ein Beispiel. Es gibt eine Vielzahl möglicher Ursachen dafür, dass etwas Entscheidendes zwischen uns und unserem Pferd steht. Und die Unterscheidung zwischen unangenehmen Erfahrungen und traumatischen Erlebnissen ist nicht immer einfach. Hat Ihr Pferd zum Beispiel panische Angst vor Traktoren, wird wahrscheinlich jeder vermeintlich entspannte Ausritt zur Tortur, und jedes Motorenknattern lässt die Herzfrequenz ins Unermessliche steigen. Doch die angsteinflößenden Situationen zu meiden, kann auf Dauer keine gute Lösung sein. Aber soll man der Angst stattdessen wirklich waghalsig begegnen? Das muss jeder für sich selbst abwägen. Sicher ist jedoch: Ist das Vertrauen erst mal gestört, müssen in vielen kleinen Schritten vertrauensbildende Situationen gemeinsam durchlebt werden.

An dieser Stelle noch ein Beispiel: Meine Stute Emmi fürchtete sich von jeher schrecklich vor Schafen und steigerte sich sehr in diese Angst hinein. Schließlich bereiteten auch mir Schafweiden Stress, bis ich sie, je nach Emmis Tagesverfassung, mied oder bewusst aufsuchte. Ich legte stinkende Schafwolle neben Emmis Futtertrog, damit sie den Schafgeruch mit etwas Angenehmen verbinden würde. Nachdem ihr aber ein paar Mal vor Ekel das Futter aus dem Maul gefallen war, ließ ich das wieder sein. Stattdessen habe ich sie an Schafweiden vorbeigeführt. Ich habe sie dort stehen und grasen lassen oder bin ein anderes Mal zügig daran vorbeigeritten, um meiner Stute zu signalisieren, dass sie dem Problem nicht zu viel Aufmerksamkeit zollen sollte. Wieder ein anderes Mal habe ich innegehalten und Emmi erzählt, was für niedliche und harmlose Tiere Schafe doch seien, und versprochen, dass ich gut auf sie aufpassen würde. Emmi hat durch die vielen positiven Erfahrungen ihre Angst abgelegt – und ich meine. Mit anderen Worten: Jedem negativen Erlebnis müssen viele positive Erfahrungen folgen, die die Angstsituation wieder neutralisieren.

Hat Ihr Pferd Sie jemals gebissen oder getreten, vielleicht sogar abgeworfen, weil es irgendwo Schmerzen hatte oder einfach übermütig war? Oder sind Sie einfach so heruntergefallen, ohne dass Ihr Pferd etwas dafür konnte, und das Erlebnis hat sich trotzdem tief in Ihr Bewusstsein eingegraben? Reagiert Ihr Pferd manchmal stur oder übermäßig ängstlich, was Sie jedes Mal an Ihre Grenzen bringt? Es können auch viel subtilere Dinge sein. Vielleicht genügt Ihr Pferd nicht Ihren Ansprüchen? Sind Sie ganz »zufällig« an Ihr Pferd geraten und wollten es eigentlich gar nicht haben? An diesem Punkt kann ich Sie beruhigen: »Ganz zufällig« kommt der Seelengefährte Pferd nie. Es gibt ganz sicher eine Lernaufgabe, die Sie mit diesem Pferd zu bewältigen haben. Auch Krankheiten können die Beziehung zwischen Mensch und Pferd trüben. Mein Pony Jaspar kränkelte viele Jahre lang. Sieben Jahre, um genau zu sein. In dieser Zeit habe ich von Sorgen, Traurigkeit, Angst und Niedergeschlagenheit über Selbstvorwürfe, Verzweiflung bis hin zu Wut und Ärger darüber, dass der dumme Kerl nicht wieder gesund werden will, alles durchlebt. Das war eine unglaubliche Zeit. Und solche Emotionen belasten. Sie belasten auch Sie. Sie belasten Ihr Pferd, und sie belasten die Beziehung zwischen Ihnen und dem Tier. Also lassen Sie das Ganze doch am besten los …

ÜBUNG: Welche Botschaft möchten Sie Ihrem Pferd übermitteln?

Wahrscheinlich wird Ihnen schon eben beim Lesen des Kapitels eine ganze Menge zu Ihnen und Ihrem Pferd eingefallen sein. Dennoch möchte ich Sie nun bitten, ganz bewusst darüber nachzudenken, was zwischen Ihnen und Ihrem Pferd steht.

Welche Erlebnisse belasten Sie? Was ärgert Sie möglicherweise an Ihrem Pferd? Womit hat es Ihnen mal wehgetan? Und womit haben Sie Ihrem Pferd wehgetan? Was haben Sie dazu beigetragen, dass dieses Etwas zwischen Ihnen steht und die Beziehung trübt?
Was hätten Sie besser machen können? Und was können Sie noch immer verändern, damit Sie sich wieder besser verstehen?

Wenn Sie die Situation soweit deutlich vor Augen haben, verzeihen Sie! Verzeihen Sie Ihrem Pferd! Verzeihen Sie sich selbst! Setzen Sie sich ganz in Ruhe in die Box oder auf die Weide Ihres Pferdes, öffnen Sie Ihr Herz, und sprechen Sie die Worte des Vergebens laut aus. Sagen Sie Ihrem Pferd, dass Sie in dieser oder jener Situation wütend, ängstlich oder traurig waren und dass Sie einen Weg finden werden, es von nun an besser zu machen. Bitten Sie auch Ihr Pferd um Verzeihung für das, was zwischen Ihnen steht. Und vertrauen Sie darauf, dass das Pferd Ihnen verzeihen wird.

Pferde können wesentlich leichter und schneller loslassen als wir Menschen. Und Ihrem Pferd ist sehr daran gelegen, dass die Beziehung besser wird. Es wird Ihre Bemühungen von daher begrüßen. Und nun lassen Sie los. Lassen Sie die Emotionen gehen. Sie sollen nicht länger zwischen Ihnen und Ihrem Pferd stehen. Atmen Sie Liebe ein, und lassen Sie mit dem Ausatmen die belastenden Gefühle weiterziehen. Lassen Sie die Schuld los. Welche Fehler Sie auch immer gemacht haben, das Ganze hat nun lange genug zwischen Ihnen gestanden. Nehmen Sie dem Ereignis seine Macht, und lassen Sie auch die Schuldfrage los!

Konzentrieren Sie sich auf die Zukunft.
Möchten Sie eine gemeinsame Zukunft mit Ihrem Pferd?
Wie soll diese aussehen? Und wer kann und wird Ihnen dabei helfen, dass sie so wird, wie Sie es sich wünschen?

Verbindungsritual für Sie und Ihr Pferd

Der Alltag lässt uns oft wenig Zeit für Achtsamkeit, Stille und ein bewusstes Gewahrwerden unseres Selbst. Häufig werden wir mit Stress oder negativen Gefühlen konfrontiert und können diese Dinge nicht immer einfach ablegen. In solchen Momenten kann es sehr schwierig sein, eine liebevolle energetische Verbindung zu unserem Pferd herzustellen. Hier kann ein Ritual hilfreich sein.

Ich möchte Ihnen an dieser Stelle ein Energie-Verbindungs-Ritual vorstellen, das ich selbst immer mit meinen eigenen und, wenn es die Situation erfordert, auch mit fremden, sehr unterschiedlichen Pferden mache. Bisher ist noch jedes Pferd gern darauf eingegangen. Auch solche Pferde, die zunächst noch etwas misstrauisch waren und nicht unbedingt zu den schmusigen Typen zählten. Das Ritual kann Ihnen binnen Sekunden helfen, den Alltag zurückzulassen und in einen energetischen Austausch mit Ihrem Pferd zu treten. Sogar unruhige Pferde, die sich nicht gern anfassen und putzen lassen, entspannen sich schnell bei dieser starken energetischen Berührung.

Und so geht's:

Halten Sie Ihr Herz offen, und stellen Sie sich vor, wie ein Energiestrahl aus Ihrem Herzen zu Ihrem Pferd strömt. Oder mit anderen Worten: Werden Sie sich ganz einfach bewusst, dass Sie Ihr Pferd lieben. Wenn Ihr Pferd ohnehin gerade in der Box auf Sie wartet, wird es sehr schnell auf diese Verbindung eingehen. Nun berühren Sie seine Stirn. Legen Sie Ihre Handfläche auf die Stirn Ihres Pferdes, und lassen Sie Ihre Herzenergie dorthin fließen.
Sie können auch eine Hand in den Nacken des Pferdes legen und die andere auf seine Stirn. Wenn Sie wollen, reiben Sie sie ganz leicht. Ihr Pferd wird irgendwann den Kopf fallen lassen, die Augen schließen und diese Verbindung einfach nur genießen. Ich habe auch schon viele Kinder erlebt, die auf diese Weise eine tiefe Harmonie zwischen sich und sonst recht frechen, unruhigen Ponys herstellten. Es ist also nicht viel Anstrengung erforderlich. Seien Sie einfach Sie selbst. Legen Sie die Hand auf die Stirn des Pferdes, und lieben Sie es. Viele Pferde vertiefen den Kontakt noch von sich aus, indem sie plötzlich ihre Stirn und den gesamten Kopf an das Herzchakra des Menschen drücken.

Spätestens dann ist der Alltag vergessen, und Frieden und Stille stellen sich ein. Ist es durch die Außenwelt kurz abgelenkt, sagen Sie Ihrem Pferd, dass es sich entspannt hingeben kann, weil Sie aufpassen. Doch lassen Sie es jederzeit den Kopf heben und sich umschauen, wenn es das möchte, damit es sich selbst vergewissern kann, dass alles in Ordnung ist. Erzwingen Sie keine Nähe. Und lassen Sie es gewähren, wenn es Ihnen irgendwann bedeutet, dass es nun genug Energie hat.

Dieses Ritual kann auch sehr schnell ausgeführt werden. Ich mache das meistens noch einmal, bevor ich auf den Rücken meines Pferdes steige, um zu reiten. Probieren Sie es doch einfach aus. Es schafft eine starke Verbindung von Herz zu Herz und von Geist zu Geist.

Jaspar

Ich war mir zunächst nicht sicher, ob ich dieses Kapitel hinzufügen sollte. Nun tue ich es doch. Es offenbart Schattenseiten, die es zwischen Mensch und Pferd geben kann, doch vor allem auch die großen Chancen, die sich darin verbergen und die sich oft erst nach einer langen Zeit zeigen.

Jaspar kam zu mir, als er zwei Jahre alt und ich zweiundzwanzig war. Ich hatte, gelinde gesagt, von einem eigenen Pferd und der damit verbundenen Verantwortung noch nicht besonders viel Ahnung. Doch ich sah dieses junge schwarze Pony und verliebte mich sofort. Ich kaufte es, ohne nachzudenken und ohne es vorher vom Tierarzt untersuchen zu lassen. Ich hätte Jaspar wahrscheinlich sogar mit nur drei Beinen gekauft. Wir bauten ihm einen Offenstall auf der Weide an unserem Haus, besorgten ihm einen Pferdekollegen, und jeden Morgen war es mir eine Freude, ihm noch im Schlafanzug das Frühstücksheu zu bringen. Jaspar und ich lebten zusammen, und es war eine wunderbare Zeit. Er wurde mir im Laufe der Jahre zu einem sehr guten Lehrer und brachte mir so ziemlich alles bei, was ich über ihn und die Gattung Pferd wissen sollte – wenn auch manchmal auf recht schmerzhafte Weise. Wir wurden zu einem eingeschworenen Team, zu Partnern, zu Freunden. Und er war wohl mit das Wichtigste und Kostbarste, das ich im Leben hatte. Er bereicherte mein Dasein immens. Nicht nur die Zeit mit ihm zusammen stimmte mich glücklich, er lenkte mich auch auf meinen Lebensweg, genauso wie Emmi, meine Paint-Horse-Stute, die ich einige Jahre später kaufte. Ich wurde Reitpädagogin in einer Einrichtung mit Kindern und Pferden. Ich schrieb Kinderbücher über Pferde.

Nach zehn Jahren kam ich an einen Punkt in meinem Leben, an dem ich zwar schon viel erreicht hatte, was mich glücklich machte und erfüllte, aber dennoch war in mir noch etwas Unausgegorenes. Ich spürte, dass ein wesentlicher Teil von mir noch nicht geboren war und nun mit Macht ans Licht drängte. Ich konnte diesen Teil nur nebulös benennen, geschweige denn greifen, und wusste nicht so recht, wie dieser sich in meinem Lebensweg offenbaren würde. Das verursachte in mir vorübergehend starke Gefühle der Leere, wie ich sie bis dahin nie gekannt hatte. Ich wollte eine Wende in meinem Leben.

Und dann wurde Jaspar krank! Sehnenentzündungen und Hufrehe immer wieder im Wechsel. Er hatte starke Schmerzen, und mein bis dahin so kraftvolles Pferdchen wurde schwach. Ich schaltete alle äußeren Umstände aus, die diese Krankheiten begünstigten, konsultierte so einige Tierärzte, und dennoch wurde Jaspar nicht mehr richtig fit. Im Gegenteil: Energielos und bedürftig lebte er mit uns dahin. Seine körperlichen Probleme ließen mich zu manchen Zeiten nahezu verzweifeln. Ich fühlte mich verantwortlich – natürlich! Ich wollte ihm helfen, irgendwie.

Und damit begann meine Reise. Sehr bald fing ich an, darüber nachzudenken, ob seine wiederkehrenden Probleme in irgendeiner Weise mit mir zu tun haben könnten, mit meinem Leben, mit meinem Weg. Ich war schon immer ein spiritueller Mensch gewesen, hatte dem aber nie besonders viel Raum gewährt. Doch Jaspars Kränkeleien waren nun der Auslöser für mich, Heilung, Gesundheit, Körper, Geist und Energie ganz neu zu betrachten. Tierärztliche Behandlungen hatten bei ihm kaum einen langfristigen Erfolg gezeigt, und so begann ich, nach alternativen Heilmethoden zu suchen. Ich versuchte Akupunktur, Homöopathie, Kräuter und vieles andere. Aber auch all das bewirkte nur einen vorübergehenden Heilungserfolg. Also tauchte ich schließlich in das weite Feld der Energiearbeit ein. Ich erlernte Reiki, studierte einschlägige Literatur zum Thema Heilung durch Energie, arbeitete mit einer Schamanin zusammen und machte selbst mehrere Einweihungen zur Schamanin. Ich reiste astral in die Unterwelt und in die Oberwelt, um mich spirituell mit der Pferdeseele zu verbinden, immer in der Hoffnung auf neue Erkenntnisse. Jaspar verfolgte das alles anscheinend interessiert. Meine Energiebehandlungen nahm er gern an, doch immer wieder sackte er energetisch in sich zusammen und blieb in seiner Fortbewegung lahm und eingeschränkt. Hinzu kam dann noch eine schwere Arthrose und nach einem heftigen Streit unter Pferden ein Rippenbruch. Jaspar bekam dabei starke Blutungen, hatte Mühe mit der Atmung, und ich war mir nicht sicher, ob er das überleben würde. Doch auch davon erholte er sich. Bei all den Schmerzen, die Jaspar in den Jahren ausgehalten hatte, und in denen ich mehrfach dachte, er würde es nicht schaffen, zeigte er doch immer eine erstaunliche Zähigkeit und erholte sich stets bis zu einem gewissen Grad.

Was sollte ich nur aus seinen Krankheiten lernen? Diese Frage stellte ich mir oft. Was musste ich tun? Was verändern, an meinem Leben, an mir? Ich war mir sicher: Ich sollte etwas lernen. Und eine schmerzliche Lernerfahrung war, dass ihn Energiearbeit nicht heilen konnte, weil sein Seelenplan vielleicht (noch) keine Heilung vorsah – und dass man das manchmal akzeptieren muss. Doch das war wohl das, was mir von allem am schwersten fiel. Sieben Jahre waren vergangen, in denen Jaspar beinahe ununterbrochen gesundheitlich beeinträchtigt gewesen war. Sieben Jahre aber auch, in denen ich selbst so unendlich viel gelernt und erfahren hatte. Jahre, in denen ich mich auf den Weg gemacht und dem Teil in mir Raum gegeben hatte, von dem ich zu Beginn sprach – durch Jaspar.

Schließlich schrieb ich einen neuen Roman: »Seelenwege – Die magische Reise einer Frau zu sich selbst«. Der Inhalt des Buches war geprägt von meinem neuen spirituellen Wissen. Es war ein wichtiges, ein sehr bedeutsames Buch für mich. Schließlich war es fertig, wurde veröffentlicht, und Jaspar begann, sich auf seltsame Weise zu berappeln. Ich schöpfte neue Hoffnung. Mehrere Monate trainierte ich intensiv mit ihm. Ich wollte es einfach noch ein letztes Mal versuchen. Er wurde longiert, stramm spazieren geführt und ging weite Ausritte als Handpferd mit mir und Emmi. Ich sprach mit ihm. Versuchte, ihn zu überzeugen, dass die Zeit der Krankheit doch nun ein Ende haben sollte. Ich fragte ihn, ob er denn nicht auch der Meinung sei, dass ich nun genug durch seine Krankheit gelernt hatte. Und er solle doch bitte seine letzten Lebensjahre schmerzfrei und mit neuer Energie genießen, damit ich noch ein wenig mit ihm ausreiten könne. So appellierte ich an seinen gesunden Pferdeverstand und an seinen Willen.

Heute ist Jaspar zwanzig Jahre alt, und es geht ihm so gut wie nie seit Beginn seiner Krankheitsphase vor nunmehr acht Jahren. Seine chronischen Krankheiten sind zwar nicht völlig weg, doch ihn umgibt nun eine ganz andere willensstarke und kraftvolle Energie. Er läuft wieder mit großer Lust und will an allem teilhaben, was um ihn herum passiert. Häufig reiten wir durch die uns verbindende Natur. Und Jaspar erscheint mir manchmal wieder das junge, zarte Pferd, das vor achtzehn Jahren zu mir gekommen ist – als hätte er sich einmal gehäutet, in der Zeit seiner Krankheit.

Was hat ihn geheilt? Habe ich ihn geheilt? Und wenn ja, wie? Ganz sicher durch Energie. Doch nicht so, wie ich es mir während der Heilarbeit immer gewünscht hatte. Es war die Energie meines Weges, den ich gehen musste. Und bei dem er mich begleitet hatte. Jaspar hatte meines Erachtens nach einiges Schmerzhafte auf sich genommen, um mich voranzuschubsen. Und tatsächlich hätte mich wohl kaum etwas besser beeinflussen können als die

Krankheit eines Freundes wie Jaspar. Ich dankte ihm für das, was ich durch seine Krankheit hatte lernen dürfen. Ich bat ihn um Verzeihung für die Fehler, die ich in der Zeit gemacht hatte. Und ich verzieh mir auch selbst diese Fehler.

Warum ich Ihnen das mitteile? Vielleicht kommt Ihnen ja das eine oder andere in dieser Geschichte von Jaspar und mir bekannt vor. Vielleicht befinden Sie sich sogar gerade jetzt an einem ähnlichen Punkt. Manchmal muss man lange durch Schatten wandern. Manchmal muss man unendlich viel Geduld aufbringen. Manchmal muss man viel, sehr viel lernen. Manchmal muss man sich fragen: Was hat das alles mit mir zu tun? Manchmal muss man etwas Großes angehen, bis sich die Dinge verändern. Manchmal muss man etwas eigentlich Einfaches nur endlich einmal aussprechen. Und manchmal, wie in meinem Fall, muss man all diese Dinge tun. Doch vor allem muss man seinen Weg gehen.

Das Pferd neu entdecken

Stellen Sie sich vor, Sie kennen Ihr Pferd gar nicht. Sie sind ihm noch nie begegnet. Fahren Sie dann zum Stall, und gehen Sie auf Ihr Pferd zu. Betrachten Sie es, als würden Sie es tatsächlich zum allerersten Mal sehen.

Nehmen Sie jede Besonderheit Ihres Pferdes in sich auf. Sehen Sie seine Schönheit, seine Ausstrahlung. Seine nicht ganz perfekten körperlichen Eigenarten. Schauen Sie, wie es sich bewegt. Bemerken Sie, was gerade dieses Pferd ausmacht. Versuchen Sie, ihm direkt in die Seele zu schauen. Was fällt Ihnen auf? Gefällt Ihnen dieses »fremde« Pferd? Wünschen Sie es sich als Gefährten? Was mögen Sie ganz spontan an diesem Tier? Oder mögen Sie es vielleicht gar nicht? Welche Gefühle löst dieses »fremde« Pferd in Ihnen aus? Nun nehmen Sie so Kontakt zu diesem Pferd auf, als wäre es das allererste Mal. Gehen Sie langsam auf das Tier zu. Begrüßen Sie es so respektvoll und langsam, wie Sie einen Unbekannten begrüßen würden.

Wie verhält sich das Pferd? Ist es neugierig geworden? Will es in Ihren Raum eintreten? Fragt es vorher höflich an und wagt sich dann vorsichtig Schritt für Schritt hinein? Oder verhält es sich wie immer? Kommt es auf Sie zu, stupst Sie respektlos an und »sagt«: »Na, mein Mensch, was machst du denn heute für Spinnereien? Ich weiß doch, dass du mich liebst. Komm lieber her, und lass uns was Tolles zusammen unternehmen, und hinterher gibst du mir was von dem leckeren Kraftfutter.«

Den eigenen Schatten überwinden

Den eigenen Schatten überwinden bedeutet, ihn erst einmal wahrzunehmen und zu erkennen, ihn dann zu akzeptieren und in das Leben zu integrieren. Wo Schatten sind, ist das Licht ganz nah. Licht und Erleuchtung finden nicht im Kopf statt, sondern im Herzen. Wollen wir versuchen, aktiv aus dem Schatten zu treten, kann das nur bedeuten, das eigene Herz (wieder) zu öffnen und den Schattenseiten mit Liebe zu begegnen. Ich weiß, wie schwer das ist. Doch in Ärger oder sogar Hass zu verharren, lässt uns einsam auf der kalten Schattenseite stehen. Der Gegenpol ist die Liebe.

In Bezug auf die Pferde gibt es da eine sehr schöne Übung, die man auch auf andere alltägliche Situationen übertragen kann. Gehen Sie einmal zu den Weiden, auf denen alle Pferde Ihres Stalls stehen. Nun suchen Sie sich das Pferd heraus, das Sie am wenigsten mögen. Zieren Sie sich nicht. Sicher gibt es irgendein Pferd, das Ihnen nicht ganz und gar sympathisch ist. Betrachten Sie das Pferd eine Weile. Was mögen Sie nicht an ihm? Ist es sein Aussehen, seine Farbe? Oder sein Charakter, soweit Sie ihn beurteilen können? Ist es vielleicht Herdenchef, und Sie mögen es nicht, wie dominant es sich anderen Pferden gegenüber verhält? Möglicherweise auch Ihrem eigenen gegenüber, das manchmal Bisswunden davonträgt? Vielleicht hat das Pferd auch einfach Pech, weil Sie seinen Besitzer nicht mögen. Oder hat es irgendwelche Anteile, die Ihre eigenen Schattenseiten symbolisieren könnten?

Wenn Sie wissen, warum Sie das Pferd nicht mögen, konzentrieren Sie sich auf seine guten Seiten. Sehen Sie, was an ihm wunderbar ist. Lernen Sie, es zu lieben. Öffnen Sie Ihr Herz für das Tier, so wie zuvor beschrieben. Gelingt es Ihnen? Ich bin sicher, Sie schaffen das! Es wird Sie erstaunen, wie sehr sich die Energie in Ihnen und in Bezug auf das Pferd positiv verändern wird. Wenn Sie diese Übung beherrschen, wird sich vieles in Ihrem Leben und in Ihren Beziehungen zum Guten wandeln.

Nun möchte ich Sie fragen: »Hätten Sie das Pferd auch nicht gemocht, als Sie noch ein Kind waren?« Ich wage mal zu behaupten, Sie hätten es geliebt! Sie hätten es wunderschön gefunden und sich nichts sehnlicher gewünscht, als auf seinem Rücken zu sitzen. Liege ich da zufällig richtig? Kinder lieben Pferde oder sie lieben sie nicht.

Zugegeben, manche Menschen entdecken ihre Liebe zum Pferd erst im Erwachsenenalter, aber die meisten pferdebegeisterten Menschen fanden schon als Kinder alle Pferde schön und liebenswert. Kinder sind ganz schlichtweg unvoreingenommen und – wie man so schön sagt – reinen Herzens.

Nun, zum Ende des Buches, sind wir, so glaube ich, wieder ein Stück weit zu diesem Ursprungsgefühl zurückgegangen. Wir können jedes Pferd lieben, achten und wertschätzen, als das, was es für uns ist: das höchste Glück, die Erfüllung unserer lebenslangen tiefen Sehnsucht, der Schlüssel zu Lebensfreude und zum Erspüren unseres ganzen menschlichen Seins – unserer Seele.

Nachwort

Wenn Sie jetzt zu Ihrem Pferd gehen und aus vollem Herzen sagen können: »Du bist genau das richtige Pferd für mich! Du bist das schönste und beste, das ich kriegen konnte. Ich will kein anderes, denn ich liebe dich! Die Zeit mit dir zusammen ist wunderbar«, dann freue ich mich ganz aufrichtig für Sie beide!

Wenn Sie das aber nicht sagen können, nicht fühlen können und ernsthafte Zweifel an der Beziehung zu Ihrem Pferd hegen, wenn zwischen Ihnen Dinge stehen, die sich nicht ausräumen lassen, wenn Sie sich Ihrem Pferd nicht gewachsen fühlen oder umgekehrt das Pferd Ihnen nicht genügen kann, dann verkaufen Sie es. Es hat einen anderen Menschengefährten verdient. Lassen Sie los, diese Beziehung passt demnach weder für Sie noch für Ihr Pferd. Und fühlen Sie sich bitte frei von Schuld, wenn Sie Ihr Pferd weggeben. Es ist für Sie beide in Ordnung. Sorgen Sie allerdings dafür, dass es zu den »richtigen« Menschen kommt und ebenso dafür, dass Sie ein Pferd finden, das zu Ihnen passt. Vielleicht muss es auch nicht unbedingt ein eigenes Pferd sein. Das wissen Sie selbst am besten.

Vielleicht haben Sie in diesem Buch aber auch ein Stück Wahrheit über sich selbst und Ihren Pferdegefährten gefunden, Ihre Beziehung zueinander vertieft und gespürt, dass Sie Ihr Pferd unbeschreiblich lieben und achten – und das auch im Grunde schon immer taten. Wissen Sie nun um die Seelenverbindung zwischen Ihnen beiden, dann gratuliere ich Ihnen von Herzen und wünsche Ihnen einen wunderschönen und inspirierenden gemeinsamen Weg miteinander. Ich verabschiede mich mit einer schamanischen Pferdeweisheit:

Folge ihren Spuren.
Folge ihnen von deinem
Herzen bis in ihr Herz.
Von deiner Seele bis
in ihre Seele.

Über die Autorin

Ina Ruschinski

- veröffentlicht seit 2001 Romane, Impulsgeber, Pferde- und Kinderbücher. Über 23 Jahre lang hat sie als Reitpädagogin Kinder und Jugendliche in ihrer Persönlichkeitsentwicklung gemeinsam mit Pferden begleitet und unterstützt.
Sie Westerntrainerin für das »Reiten als Spiegel des Herzens« und gibt ihre Erfahrungen und Kenntnisse im Coaching mit Pferden für Frauen und in Seminaren weiter. Dabei dienen ihr ihre Bücher als unentbehrliche Grundlage.
Auf ihrem spirituellen Weg ließ sie sich zur Reikimeisterin, Schamanin und Geomantin einweihen.

Pferde, Stille, Draußen sein...

Bildnachweis

Alle nicht gesondert aufgeführten Fotografien: © Ina Ruschinski

Bilder von der Bilddatenbank www.shutterstock.com:
Hintergrund auf allen Seiten: Beigefarbene Papiertextur: # 130557848 (© Flas100), Schmuckelemente auf allen Seiten: Vektor Pferdekopf: # 267129107 (© yod67), Pfeile: # 337200341 (© Vitek Prchal), Pfeillinie: # 338313371 (© briddy)
S. 3 # 101053345 (© Horse Crazy), S. 3 # 435083959 (© wernerimages), S. 5 # 388945207 (© Kay_MoTec), S. 6 # 101053345 (© Horse Crazy), S. 9 # 44898640 (© Dariush M), S. 11 # 101053345 (© Horse Crazy), S. 14 # 101053345 (© Horse Crazy), # 427129486 (© alex makarenko), S. 29 # 316997129 (© Voyagerix), S. 39 # 101053345 (© Horse Crazy), S. 53 # 165918374 (© Grigorita Ko), S. 57 # 560250373 (© prdyapim), S. 65 # 1752674264 (© Igor Baranov), S. 76 # 530833996 (© Sari ONeal), S. 81 # 184059911 (© Grigorita Ko), S. 83 # 279014162 (© Makarova Viktoria), S. 84 # 520292338 (© Robsonphoto), S. 85 # 99035612 (© mariait), S. 86 # 532779493 (© FenrisWolf), S. 92 # 351633980 (© Isla Hampson), S. 96 # 396082048 (© Pelana), S. 97 # 332990648 (© Osetrik), S. 104 # 427184101 (© kovop58), S. 108 # 537779854 (© Azhal Abdul Nasil), S. 109 # 184059911 (© Grigorita Ko), S. 112 # 184868900 (© A. and I. Kruk), S. 115 # 322667081 (© Venera Salman), S. 118 # 415226320 (© 415226320), S. 123 # 93721396 (© isak55), S. 124 # 462327424 (© Benjavisa Ruangvaree), S. 125 # 101053345 (© Horse Crazy), S. 127 # 18930760 (© Melory), S. 131 # 18930760 (© Melory), S. 133 # 557035681 (© Standret), S. 138 # 1697254987 (© Iuliia Knabibullina), S. 140 # 41099251 (© DavidYoung), S. 141 # 266109629 (© bagicat), S. 145 # 487055548 (© Volodymyr Burdiak), S. 146 # 537779854 (© Azhal Abdul Nasil), S. 149 # 332990648 (© Osetrik), S. 153 # 167270054 (© I WALL), S. 154 # 478837093 (© Marie Charouzova), S. 158 # 373630009 (© Viktoriia Bondarenko), S. 160 # 509164258 (© Best dog photo), S. 169 # 495902401 (© Jana Behr), S. 173 # 397142533 (© Olha Rohulya), S. 174 # 527161459 (© jumoobo), S. 176 # 99011510 (© TristanBM), S. 177 # 217637983 (© AnastasiaNess), S. 182 # 396082048 (© Pelana), S. 184/185 # 529144309 (© Elya Vatel), S. 192 # 730710949 (© Pavlina Trauskeova)

Ebenfalls von Ina Ruschinski

Ina Ruschinski

Reiten – als Spiegel des Herzens

Über die tiefe und achtsame Verbindung mit dem Pferd

ISBN 978-3-95847-006-4

Über die tiefe und achtsame Verbindung mit dem Pferd

Pferde können unsere Lebenspartner sein, das Herz öffnen und den Willen – wenn wir es zulassen. Der Weg dahin ist nicht immer einfach.

Wir fragen uns deshalb:

- Wie wirken wir auf das Pferd?
- Wie wirkt das Pferd auf uns?
- Sagt unser Pferd „Ja" zu uns?
- Wie können wir Pferd und Reiter einander öffnen, um zu einer wahren Partnerschaft beim Reiten zu kommen?
- Behindert das die harmonische Partnerschaft?

Ina Ruschinski nimmt uns mit auf eine Entdeckungsreise zu einer harmonischen Partnerschaft mit dem Pferd, die zu mehr Achtsamkeit und innerer Verbundenheit führt.

www.crystal-verlag.com

Das könnte Sie auch interessieren

Katrin Ehrlich
Seelenfreunde
Was Pferde uns lehren können

ISBN 978-3-95847-015-6

Nachsichtig, geduldig, feinfühlig – Pferde sind Geschöpfe mit einer Urkraft und einer ganz feinen Energie

Treten Sie also ein in die Welt des Seelenfreundes Pferd und lernen Sie von ihnen um mit geschärftem Blick auf das zu schauen, was unser Leben ausmacht.
Sie bedeuten für den Menschen die Sehnsucht nach Freiheit, Schönheit und Nähe. Ihre Kompetenzen sind Überlebensmuster aus der Natur. Ohne die Fähigkeit, klar zu kommunizieren und bedingungslos zusammen zu halten, wäre eine Herde in der freien Natur schutzlos seinen Feinden ausgeliefert. Deshalb passen sich Pferde an, wenn sie nur Sicherheit und Stabilität in ihrem Gegenüber finden.

Aus dem Inhalt:

- Das Pferd im Wandel unserer Zeit
- Beziehungsprobleme erkennen und lösen
- Die Sehnsucht nach der Verbindung zweier Seelen
- Die Sprache der Pferde
- Krankheit als Weg zur Befreiung
- Gemeinsam neue Wege finden

Ein Wegweiser, um dem Partner Pferd ein Stück näher zu kommen

www.crystal-verlag.com

Das könnte Sie auch interessieren

Alexandra Rieger

Wie Pferde heilen

Schritt für Schritt Energie erfühlen und die eigene Seele aktivieren

ISBN: 978-3-95847-021-7

Energie erfühlen und die eigene Seele heilen – eine Anleitung

Pferde sind Begleiter in allen Gefühls- und Empfindungsfragen. Durch ihre Erdung und Verwurzelung agieren sie unmittelbar und erkennen, wenn wir Menschen nicht in unserer Mitte stehen oder so verletzt sind, dass wir uns von unserem Ich weit weg bewegen.
So geraten wir immer mehr in eine Angstspirale und scheuen uns Gefühle zu zeigen Das kann auf Dauer zu schweren körperlichen und psychischen Erkrankungen führen. Durch die Klarheit, die uns Pferde zeigen, helfen sie uns, zu unserer ureigenen Persönlichkeit zu finden und heilen so uns Menschen auf eine feine und achtsame Weise. Wir lernen durch sie Verantwortung zu übernehmen und in unsere Mitte zurückzufinden. Dadurch können wir alltäglichen Situationen gelassen und bewusst gegenüberstehen und unser Leben souverän meistern.

Aus dem Inhalt:

- Energien erfühlen und wahrnehmen
- Erkennen und auflösen seelischer Traumatas – des Schmerzkörpers
- Erdung erarbeiten und Klarheit gewinnen
- Wandel zur eigenen Persönlichkeit – zurück zum Ich
- Trainingsprogramm mit Übungen

www.crystal-verlag.com